等我一下，我去環遊世界

小吉狗　著

心一堂當代術數文庫　占筮類　星命類

命卜隨筆

林子傑　著

書名：命卜隨筆
系列：心一堂當代術數文庫．占筮類．星命類
作者：林子傑
編輯：**陳劍聰**

出版：心一堂有限公司
通訊地址：香港九龍旺角彌敦道610號荷李活商業中心十八樓05-06室
深港讀者服務中心：中國深圳市羅湖區立新路六號羅湖商業大廈負一層008室
電話號碼：(852) 67150840
網址：publish.sunyata.cc
電郵：sunyatabook@gmail.com
網店：http://book.sunyata.cc
淘宝店地址：https://sunyata.taobao.com
微店地址：https://weidian.com/s/1212826297
臉書：https://www.facebook.com/sunyatabook
讀者論壇：http://bbs.sunyata.cc

版次：二零一八年九月初版

平裝

定價：港幣　一百一十八元正
　　　新台幣　四百八十元正

國際書號　978-988-8266-52-4

香港發行：香港聯合書刊物流有限公司
香港新界大埔汀麗路36號中華商務印刷大廈3樓
電話號碼：(852)2150-2100　傳真號碼：(852)2407-3062
電郵：info@suplogistics.com.hk

台灣發行：秀威資訊科技股份有限公司
地址：台灣台北市內湖區瑞光路七十六巷六十五號一樓
電話號碼：+886-2-2796-3638　傳真號碼：+886-2-2796-1377
網絡書店：www.bodbooks.com.tw
台灣國家書店讀者服務中心：
地址：台灣台北市中山區二0九號1樓
電話號碼：+886-2-2518-0207
傳真號碼：+886-2-2518-0778
網址：www.govbooks.com.tw

中國大陸發行 零售：深圳心一堂文化傳播有限公司
地址：深圳市羅湖區立新路六號羅湖商業大廈負一層008室
電話號碼：(86)0755-82224934

心一堂微店二維碼

心一堂淘寶店二維碼

目錄

命理篇

此書獻給我的良師、摯友
午丁（已故）先生與
謝志遠先生

第一部份：命卜隨筆

新序

時光荏苒，不知不覺，從第一篇隨筆完成到現在，已經過去約十五年了，這十五年間，人事紛紛，隨筆裡命卜故事中的主角，有些已經駕鶴西去，尤其是一位亦師亦友的故人在此我必須再次提及，那就是午丁先生。午丁為筆名，真名姓許天富，泉州雙陽人士，嗜茶煙，猶憶己卯年冬，初識老哥於偶然，相談甚洽，俱覺相見恨晚，遂成忘年之交，老哥於外灑脫機智，於內卻不堪家事紛雜，今觀老哥所留文字，追思往事，猶在心目，惜哉痛哉，至今傷心！

本門以命、卜、堪為主線，命理以福建閩西、北秘傳為框架，卜筮以獨門「四訣十八法」為綱目，堪輿以三元學為經緯，命卜堪三術相互印證，屬於民間小眾流派，最初就是老一輩行走江湖謀生的技藝，不是什麼「驚天絕學」，但經過幾代人的應用實證，頗有驗證。

原來的這部隨筆，如今看來還是有很多地方需要修訂的，因此，應心一堂之約，我在重新校對與增補時，增加了許多本門的法訣與思路內容，希望這些能對諸位同道有所啟發與助益，則是我最大的心願。

最初拙作以《命理隨筆》為名，在網路上流傳，後來發現有人盜印，如今發展到有人竊為自己的微信公眾號原創等等，這些我都沒有不快，但稍有擔心未能一一盡言而誤導後學。現今改名為《命卜隨筆》以做區別。並在最後定稿時刪除原《命理隨筆》中的十四篇，新增「命卜拾遺」，分卜筮篇與命理篇兩部分。

前言（原）

大約在十二、三年前，筆者與幾位易學同好共同創辦了一個民間易學研討小組，但後來因種種因素而導致中途一度暫停研討聚會，如今已各自分散。但是，大家在心中的那一份對於五術玄學的熱情追求和嚮往，卻未曾因此而減弱，相反，在很有限的碰面中裡，我們相互鼓勵，雖然自覺力量微弱，仍抱有不可泯滅的發揚吾國古代哲學和傳統文化的理念。

筆者在眾多同好和密友中，年紀最小，因此得到他們的諸多訓導與支持，加上筆者先天而有的固執與決不回頭的個性，在命卜堪方面略有一些心得與體會。如今已是而立之年，自覺時光匆匆，應該在自己學習的長途中留下一些將來垂暮之時值得紀念的心路歷程，所以，在這種心態的驅使下，重新又拿起筆，整理一些學易偶得，以見證我和我的易友們探尋五術真理之路。

在此，還要感謝筆者的忘年之交——午丁先生的支持，如果沒有他在文字的錄入和整理，我的這些感悟，是無法以一個較完整的面貌奉獻給我們的易學研討小組和有機緣看到這些文字的朋友們的。

福建省南平易學研究小組林子傑

傷官的故事

我們南方的冬天並不寒冷，然而，這天由於寒流的襲擊，吹來的風裡帶有刺骨的寒意。大約在戌時初刻，我仍在易友老薛的聊以為生的雜貨店裡對座而談。這時，來了一位女子使用公共電話。聽她口音，似乎不是本地人。老薛介紹了筆者並說筆者會算命。她似乎有點感興趣，卻又猶豫不決，也許是出於對一貫為人善良誠信的老薛的信任，她還是同意讓筆者算命。雖然不是強我所難，但是我仍感到有些突兀。

借著斟茶之機，我才看清了這位女子的容貌。她看上去二十歲上下，烏黑油亮的長髮披於肩背，洗髮水的香味在我四周彌漫，那是一股奇異浮華的氣味。她清麗的臉上略帶著笑意，體態相當勻稱，一襲黑衣黑褲的著裝顯得新潮而又神秘。無疑，這是那類令大多數男士怦然心動的女子。但是筆者的注意力很快就被她的八字所吸引：

坤造：一九八〇年十一月初十寅時

		大運：	
正印	庚申	丁亥	3
正官	戊子	丙戌	13
日元	癸亥	乙酉	23
傷官	甲寅	甲申	33
		癸未	43

對於一個命理研習者來說，一個八字到手，一般都會去衡量一下日元的衰旺，先對命造的喜用神進行評斷。這雖是較為穩妥的方法，但是筆者認為，有時不一定拘泥於於對日元衰旺的評斷，根據五行六親的變化，一樣也可以對一對命局進行比較豐富的論斷。

「請問小姐貴姓？」我以這樣的詢問開始了我的言述。

「我姓陳。」她那美麗的眼睛閃動著。

「根據你的八字，你曾有一位手足（姐妹）夭折過，你的個性比較開放，心地善良，也很聰明，可惜的是你過於追求前衛的生活方式，所以有時候流於放任自己而不想有所節制。」我不知道這樣坦率的說法能否讓這樣一使年輕的女士接受。她略有所思的輕輕地點點頭。筆者接著說：

「恕我直言，你在個人感情上會遭多次的挫折，換而言之，你目前雖有很「多」的異性緣，但卻總是會遭到無法圓滿的結果。」

這個八字天德在年柱印星，八字水旺，金水相涵，傷官星甲木自坐強根，地支寅亥合木，申子半合水局，所以個性方面會有上面的狀態。因為在筆者的實證中，女命天月二德在命，其人往往是一個善良的人，「金水若相逢，必招美麗容」的短語經過實證亦屢屢有驗。至於水主智，更是常識。

至於婚緣，從她的八字可知，傷官星強旺，四言獨步云：「傷官之格，女命最忌，帶財帶印，反為富貴。」雖然她的八字有一顆自坐祿地的庚金正印，但可惜寅申沖，申子半合，印星難免虛浮，而印星對於一個女命在其成長階段相當重要，印是穩定，也是安全感，傷官的特性是追求新奇、特異、自我，主要是表現自我，由於印星的虛浮，難以形成「傷官佩印」的貴格，所以傷官會傷尅到官星，而造成婚緣上的暗淡。

傷官是排洩自身（日干）的管道，這個八字日干強旺，全靠傷官排洩，又無火調候，難免流於放縱情慾。從這一點看，她應該是一位在感情與現實之中徘徊而無法自拔，最終走向放縱而不檢點的風塵女性。

年輕的女子抿著下唇，目光長久地注視著筆者在紙上排出的命局，彷佛自己想看出點什麼。然而，筆者不曾因此而停頓，繼續對她說：「你3歲到12歲這段時間裡，不光家庭環境欠佳，而你本人的學業也不好。大約在一九九六年（丙子年），你會與異性有極其密切的關係，今年戊寅，

（一九九八年）你與異性之間的關係，看來不僅複雜，而且略有些荒唐，恕我直言，他是一個有家室的男子，而且，今年你還因為自己判斷的失誤，破了一筆不大的財。」

她的第一步大運是丁亥，是偏財與比劫的組合，運支為羊刃，財可損印，印星可以代表一個人幼時所受長輩的呵護，財會損印，並且二亥合一寅，合住了代表學業的智慧之星寅木的本氣——甲木傷官，丙子年桃花當值，而今年戊寅流年的戊土與月干的戊土，兩個官星爭合癸水日干，寅中甲丙戊，是傷官正財與正官，而對戊土正官而言，則可以變化為七殺與正印，所以根據這些五行六神的變化，我可以得知那個男人不僅年紀大於自己，而且有一個兒子。

陳姓小姐輕輕地歎了一口氣，依舊微笑著說：「你說的都對，您看我日後的命運將會怎樣？」

這時她身上的尋呼機響了，她看了一下上面的號碼，便站起身來，付了潤金，飄然消失在外面冷與蒼茫的夜色之中。我與老薛對坐良久無言，直到我想潤潤喉才發現杯中的茶早已冰涼如夜色。

一個八字，包含了許多秘密，而每一個人都有選擇自己生活方式的權力，對於別人選擇，站在一個論命者的角度，只有去儘量尊重和寬容，畢竟我們是生活在現實之中。

立冬的前夜

辛巳年農曆九月廿一日，是立冬的前一天。這天跟往常並無多大區別，除了日漸一日的氣溫下降。但是就在這一天的夜裡，我與我們易研小組的同道們，卻經歷了一次頗為難忘的命理研討。

說實話，老陳的暫住之處其實略嫌空間狹小，而且空氣也不太流通，就連落座都顯得十分緊張。但是就在這樣簡單的地方，我們曾無數次專致的對命理進行探討，也曾無數次的在這裡展開彼此熱烈而激烈的辯論，而能見證這一切的，除了那一張張寫滿干支的稿紙和那一付早已殘缺不全的茶具，還有那煙缸裡堆積的煙頭。

這一天的稀客除了與筆者私交甚篤的盲瞽民間命師江師傅外，還有兩位尚徘徊在命理門外的女士，以及一位耕耘杏林半生目前已退休的美術教師。

在筆者為林老師占測論斷一個六爻卦之後，今天我們的主角便浮出水面。他就是進門之後略顯沉默的江師傅。

江師傅似乎不太習慣沒有命理學研討的場合（注：江師傅十四歲從師，專攻命理子平學，經驗與見識俱非常人所能及），於是他指名道姓的說：「小林，我報一個八字，你來算算看。」

坤造：一九八四年某月某日子時

劫財	甲子	大運：乙亥	3	87
傷官	丙子	甲戌	13	97
日元	乙酉	癸酉	23	07
傷官	丙子	壬申	33	17
		辛未	43	27

江師傅報完八字之後，保持習慣性的作風，面帶微笑，右手的拇指與中指輕輕地搓撚著，神秘莫測的樣子。很顯然，他在等待著我們的回答。

面對長輩如考試一般的詰問，筆者知道只有認真作答。

當時筆者對這個女命的看法如下：

乙木元神生於大雪後十天，還是壬水當令。四支無根，惟見金水一片，而丙火傷官處死胎之地，理應論從。但《滴天髓》云：「乙木雖柔，刈（割）羊解牛。懷丁報丙，跨鳳乘猴。虛濕之地，騎馬亦憂。藤蘿繫甲，可春可秋。」細究之下，此造正應「繫甲」一說，故無法論從。筆者以為火土實為本造之樞紐，土宜燥土。這個命造傷官無根，印（水）多為忌，自坐絕，水旺顯然，目下行甲戌大運，為劫財坐日干的墓庫，據此，筆者大膽地回答：

一、此女性聰明，但無法得到太高的學歷。二、胸部應有塊較明顯的疤痕。三、目前年運不佳，明年壬午恐有一大劫。

老陳亦插言道：今年就會有危險。

我們都鴉雀無聲，拉長耳朵在靜待江師傅揭開謎底的時候，江師傅卻不緊不慢地喝起筆者為他斟的白酒。二盞過後，他的第一句話就令人瞠目結舌：「此造考上了北京大學！」

就在我們面面相覷的時候，他提高嗓音，大聲地說：「其實，此造在戊寅年（一九九八）年突患惡疾，一病不起，生活不能自理。我推斷此造必死於壬午（二零零二）年！至於考上北京大學，嘿嘿，開個玩笑而已，諸位！」

頓時，筆者恍然大悟，忽略了甲戌大運，戊寅年寅戌拱午，與原局中三子暗沖午，午中丁己俱為喜用，是突患大疾的命理，子午沖應該可類化為突發性的災難，同時戌為乙木之墓庫，這種墓庫與喜用受傷的波及，顯而易見的命理跡象，至於壬午年，寅午戌三合，引動了日干的墓庫，壬水得刃而尅丙火傷官，又三子沖一午，應是大凶。而今年辛巳辛殺尅乙，但丙辛合可以解救，又巳火是丙傷的祿地，尅合辛殺有力，但由於巳酉半合，戌酉相害，病情會起伏不定而已。

然而，江師傅的題並未結束，接著，他又報出下面這個八字：

一九八三年十二月初二子時
偏官　癸亥
正印　甲子
日元　丁酉
偏財　庚子

我們正奇怪江師傅怎麼不說是男命還是女命，江師傅已合節合拍的順著我們的疑問說：「這個八字是一男一女的兩個命造，但並非雙胞胎，他們生於不同人家，只是八字相同而已。小林，你說這個四同的八字，是男命好還是女命好？

在我與江師傅交往的這些年，類似的有關命學上的相互的詰問我其實已習慣了，但是上面這個（其實是兩個）八字，卻是在命理的研究中第一次接觸的領域，我深知他的脾氣，不給他一個回答，他會不高興的。略一思索，我答：「依我之見，男命好。」「好在那裡？」江師傅不容我有更多的整理思緒的機會。

「《淵海子平．棄命從殺論》云：「陰火無根，水鄉有救」，本造丁火生於子月，小寒前兩天，正是癸水七殺當權，印星雖露，但濕木不能化殺，又被庚金偏財所尅，應以棄命從殺格論，而男命陰年逆排大運，初運癸亥、壬戌、辛酉一路金水，正是喜用俱臨，所以論吉，女命則以陰年順排，行乙丑、丙寅、丁卯，木火之鄉，與喜用背道而馳，所以我認為男命好。」

我在作完上面的回答之後，自覺在學理上應該是無懈可擊，便輕輕地啜了一口烏龍，不無自得地等待江師傅的下言。江師傅依舊輕撚手指，嘴角微動，良久才道：「女命已於三歲夭折，男命目下就讀於我市重點中學。小林，你知道為什麼嗎？你若注意其中子時頭尾的區分，就可以一目了然。」

男命生於23:30，女命生於0:30，一個靠近亥時，一個靠近丑時，其中關節變化，我們學命理的，不可以掉以輕心！清末命理先賢袁樹珊在其命理著作《新命理探源》卷五《雜說》中有一篇名為《論時刻及子時與子時正不同》的文章對目前命理界爭論不休的子時的劃分做了學理上的探討，但如江師傅這樣對於子時頭尾與命理關係及影響的高論，不僅見識淺陋的筆者聞所未聞，而自恃閱讀甚多命理著作的老許與老謝也是大開了「耳」界。

江師傅從小師承民間命師，雖然他在文化水準上或許有所欠缺，但他們卻是一脈相傳。其中不少千錘百煉的經驗，在臨場論命時，往往可以百試不爽，應驗如神。即如上面男女「四同」的命造，對於為什麼男命強於女命，而女命會遭夭折，江師傅有他獨門心法的詳解。若你也對命、卦理有涉獵或研究，不妨也以你的觀點給以賜教，畢竟我們如苦行僧般追求命理真諦的目的，只是想為中華傳統文化添磚加瓦，盡一點綿薄之力。

趣味太極點的驗證

男命：才	庚戌	大運：癸未	7	1977
官	壬午	甲申	17	1987
日	丁卯	乙酉	27	1997
官	壬寅			

這個男命於乙酉運庚辰年結交女朋友（戀愛），次年結婚。而我們若以「太極分論點」的方法，可以知道他在庚辰年所交的異性的一些情況，當然，這種方法不可能十全十美，因它是一個新生的嬰兒，需要我們努力地去發現它的潛力！

單從庚辰年看，這一年所交女友乙庚爭合，恐她與父親有分離之兆；庚為八數，年齡大約28歲；庚為西，其地理位置應是命主家西方，辰合大運酉，辰為水庫，其家乃近水之地；辰中戊乙癸，女孩子的個性偏向於內向，心高氣傲，善於處理錢財，個頭不高，髮質不佳，耳朵略有缺陷，而個性憂柔寡斷。請注意，上面的論並非全都中的，但我相信應該有其符合學理和事實的部份吧。

一個時辰的婚姻

（兩個男命）

A：庚戌、壬午、丁卯、壬寅

B：庚戌、壬午、丁卯、癸卯

這兩個男命造只差一個時辰，但在婚姻上的造化卻迥然不同。

A男命在庚辰年戀愛，辛巳年結婚。B男命卻至今依然過著「王老五」的單身生活。

從原局的結構上看，卯戌合都合住了妻宮與妻星，但不同的是，B男命卻有兩個卯去合住戌，就象用膠水粘過之後又粘一次，所以B命妻星受到牽的力量更大。

在共同的乙酉大運內，A男命的卯酉沖使原局的卯不去合戌，但卻無法去控制年支的戌不去合卯，但在庚辰流年辰戌再沖，徹底地解決了這個問題。而B男命大運乙酉無法沖去原局的兩個卯。

B男命會在何時結婚？（2004年）我的看法應該是在乙酉大運的甲申年，因為庚金可以暗合卯中乙木，使原局的兩個印都受到破壞。而癸未年戀愛訂婚的機會很大，因為癸是桃花，未是紅豔。估算的不錯的話，同年妻子就可能懷孕。

後來得到了印證，B男命在甲申年的國慶日結婚。同年妻子懷孕，次年生男丁。有趣的是，B男命在癸未年認識、甲申年結婚的妻子有一個雙胞胎的妹妹。

心跳時刻

自以命卜堪為業以來，筆者總有一種如履薄冰的感覺，因為在我看來，若不能為信任你而來的福主以命卜堪為他解決疑問的話，是一件很失職的事。但是，多少次翻開一疊疊的筆記，看到那一些做了記號的記錄，筆者依然會因為那些無法解開的命理課題而內疚。

筆者接觸過不少職業、或業餘的論命者，總是有一部份人不僅不為自己的失誤而汗顏，反而立即轉風使舵，用江湖套說搪塞、掩飾，每每看到他們在絞盡腦汁的自圓其說，筆者竟會感到一種無法明狀的悲哀。其實，家師亦於閒暇時談及青年時在某年某地論斷失誤的往事，每一次筆者都會看到他輕輕搖頭，若有所失。「謙受益，滿招損」，說得是一種美德，而在我的理解，又何嘗不是一種研習五術玄學應有的態度。

下面這個命造的討論過程，對筆者來說，無疑是一次「心跳時刻」。

女命：一九七三年五月初九辰時

官	癸丑	大運：壬丁年十月初九未時交脫			
食	戊午	傷	己未	82
日	丙子	才	庚申	92
殺	壬辰	財	辛酉	02

丙火午月陽刃之格，局內水火相戰，官殺混雜，戊食可制殺，戊癸合，乃是去官留殺，子午沖，三十二歲之前必有一次災難。這個命造丙火日干因天干一片尅洩而弱，地支又子午沖、子辰合、丑午穿而難以穩定，對女命來說，干支不穩定，心理上的不平衡（變化）就會很明顯，並且有鑽牛角尖認死理的特徵。

丙火身弱，取用木火，忌金土，大忌土。

幼時己未天透地藏的土運，己土濁壬、尅癸，使丙火無法用壬癸水以輝映，土多火晦，並且丑未沖、午未合，傷官見官，這就是這步大運的徵象。

思慮到這裡，筆者當時認為此造大局已定，所以很快地就進行論斷：

十歲壬戌，戌為火墓，丑未戌三刑俱全，應有長上之喪。

十一歲癸亥，亥子丑三會水局，子午沖，水火難分仲伯（因有土制水），這年因食傷與官殺的對峙而命主在學業與家運上會相當窘困。

十二歲甲子、十三歲乙丑，喜用透干，應該是有轉機的較好流年。

十四歲丙寅，寅午邀戌墓，沖時支辰殺墓，是生病的命理。

十六戊辰，依我看這是己未運最壞的流年，但是怎麼個壞法呢？土多火晦，辰辰自刑土旺，當時認為病災的論斷應該會不出其左右。

實際這一年命主自殺身亡。（自殺原因不詳）

上面記錄的是那一次論斷的流水帳。而在來人回饋戊辰年實情後筆者才恍然大悟，自己因過份的自信，而把這樣一個兇險的流年忽略了。其實，己未運戊辰年，丙火之輝盡晦於土，喜用全部失陷而有此劫。

筆者自學易以來，在命理上對喜用神的作用經歷了多年的論證，其實關於喜用神的作用，筆者故然贊同臺灣的命理前輩宋英成先生在其早期著作《八字真訣啟示錄．風集》中所談及的：「喜用神是屬於個人自由心證的一種，真正的作用只是使命局的五行流暢而已」的觀點。但筆者亦以為喜用神在論斷人的事業之成敗，以及重大吉凶上還是極其重要的判斷依據！

筆者不是一完美主義者，但對於一個五術玄學研習者來說，努力追求完美的過程，又何嘗不是人生最為瑰麗的景致。

附：關於癸丑、戊午、丙子、壬辰坤造，筆者亦曾用得於本門前輩、揣摩多年並已雛形的「先天範圍數身命卦」將之加以驗證（注：此身命卦並非國內某大師以年干取數之身命卦，目前筆者取證不多，僅有不足百例的印證，但仍可補四柱論斷之未及）。

以本造得先天範圍數身命卦：《未既》之《解》

子孫庚戌土、、	青	兄弟己巳火、　應○
妻財庚申金　、、應	玄	子孫己未土、、
兄弟庚午火、、	白	妻財己酉金、
兄弟戊午火、、	田	兄弟戊午火、、世（亥水官）
子孫戊辰土、　世	勾	子孫戊辰土、
父母戊寅木、、	朱	父母戊寅木、、

以《易隱》三限法論之：戊辰年行妻財酉金限，死於日建，沐浴於月建。流年戊辰，辰酉合本不為凶，但玄機就在於辰年、酉限、午世爻、及本宮伏神亥水構成辰午酉亥自刑俱全，確實可以論斷為自我傷害（自殺），而亥字伏藏，應於亥月應災。

關於此先天範圍數身命卦，余想多談一些。此又為太玄數身命卦，大約於清初出現本門人開始使用並印證，至於其最早的出處源流，已無法考證。但余猶記得在十幾年前一次本門前輩談到過並授以綱法。

術數其實也沒有大秘，所謂大秘，指的法，說穿了就是歷代人經驗的總結，還有一種是「做法」，這一點，在風水學上尤為明顯，例如很多理氣的機密，在近二十年來，不斷外洩，但做法卻很少外洩。

回到身命卦的話題，這位老前輩說，先後天八卦乃是術數之大綱，人一落地，便有命，算命並非單單指的算八字，如果以太玄數（範圍數）配合八字，會對算命術是一個補助。因此一句，余開始研究這種方法。先天範圍數身命卦有兩種取大限的方法都可以使用，第一種即本文中的《易隱》三限法，第二種是《火珠林》的取運限法。至於小限，只有一種方法，即「一年一位周流而已」。具體方法如下：

一：先以範圍數得命卦。範圍數為：甲己子午九，乙庚丑未八，丙辛寅申七，丁壬卯酉六，戊癸辰戌五，巳亥四數終。鐵板數、邵子數莫不用到先天範圍數。每個身命卦都會有一個動爻，但注意，此身命卦中所取動爻，並非一卦最重要判斷之因素，因此為先天之動爻，更多是可以反映命主根基及未出生前之家庭狀況，例如命主家庭出身貧富、命主父母身體狀況等等。身命卦論卦，還是以卦之大運、小運、小限三者配合論斷吉凶為憑。

經過筆者的不斷印證，身命卦之大小運及小限，以《火珠林》中的方法較為穩妥。其法為：大小二限，從世初起。陽順陰逆，六位周流。

小限之法，即流年，以大運之順逆，一年一爻，周而流轉。

這次增補《隨筆》以這個癸丑坤造為例，按成卦定例，得《火水未濟》之《雷水解》卦。離宮。補充如下：此卦動變在六爻兄弟己巳火，動爻為先天之家運，臨兄爻，可知命主出生於困頓之家。十六歲戊辰年，大運在上六己巳兄弟，小限在四爻白虎酉金，流年在戊辰。

此身命卦世爻午火，與生日丙子相沖，此為「兩主不合」，先天上屬於夭壽的徵兆。

再看歲運。大運上六兄弟己巳會沖出世下亥官田蛇，田蛇乃是因果之事，這一年需要注意前世因果，理應去廟宇禳解。被沖出之亥、小限之酉、世爻之午、流年之辰，亦構成自刑，此在劫難逃矣！而丙子日空申酉，戊辰年酉月實空，自刑填滿，應防不測之事。至於何事，余當年並未得到回饋資訊，而以此身命卦觀之，世爻先天與丙子生日沖，乃是事主精神上有疾病也。並非刑事案件。

關於筆者的先天範圍數身命卦，此例乃是冰山一角，如有機緣，筆者願意今後附上大量驗證的實例，以供參考。

雲山霧罩話神數

在筆者剛接觸命理學之時，就聽說過有關「鐵板神數」的傳說。在筆者當時的思想中，也曾幻想過有朝一日能掌握這種神奇的術數，其實，說得直接一點（如今看來）那只是對五術玄學的一種膚淺的認識下產生的急於求成、急功近利的錯誤想法。

如今少年的幼稚早已被歲月的磨礪隨風而化，再檢討自己當年的一段心路歷程，不禁感歎年輕的浮燥就如飲鴆止渴般的可怕。所幸的是，我們易研小組的同仁，求智、求知師兄以親身的經歷來警示筆者，而使筆者暫時放棄對鐵板神數的癡迷，而潛心投入對子平術、六爻、堪輿的研習之中。

在筆者看來，吾輩後學若欲研習五術玄學，首先應抱著一個正確、健康的心態，不必刻意去追求所謂的「名」、「利」，而應以濟世為己任，以五行干支生尅制化之基理去為人推測吉凶得失，若能以「只問耕耘，不問收穫」之心態去研習之，自會於無意淡泊之間，得柳暗花明之路徑。

五行學問的各門各類，有其擅長的領域。比如，六爻卦理對一事一測可堪其任，子平命理，則可以在命格的整體之吉凶、得失上為人勾勒出一個較為清晰、完整的框架。而風水堪輿，則能替人造福，扭轉局面。

筆者雖對鐵板神數一直未窺路徑，但我們易研小組的幾位師兄，這十來年一直埋頭於鐵板神數的鑽研，因此，在他們的影響下，也略知一些相關的掌故和淵源的變遷。

據說鐵板神數乃邵康節所創，後傳於一子一女，其女遠嫁南方，其子留在故鄉，便出現了日後源於同宗而風格不同的神數，即南、北派鐵板神數。而又據說南派的鐵板神數又經歷代高手的整理、完善、精簡，條文從由一萬兩千條精減到最核心的約千條，而福建的永泰、上杭等地，據說至今仍有南派真傳的的高手。而筆者手上就珍藏有那已經不多見的手抄本。

據筆者的一位師兄說，他的一位同鄉多年前曾有幸親身體驗過南派鐵板神數的奇驗。機緣巧合，在一次聚會裡，我終於得見了當時神數先生的評語（但不是原件），下面就是那個命造及與神數有關的論斷：

男命：一九五三年

劫財　癸巳
劫財　癸亥
日元　壬辰
正財　丁未

大運：逢癸戊年九月初二交脫

壬戌	10	63
辛酉	20	73
庚申	30	83
己未	40	93
戊午	50	2003
丁巳	60（歲）	13（年）

神數相關斷語如下：

(1)父娶有雙妻。

(2)自己乃偏生庶出。

(3)自生有二個兒子。

(4)父先亡，母後亡。

(5)老婆小自己4歲。

上面的論斷令命主佩服得五體投地，因為是事實。在這裡，筆者無意評價（也無法評價）是否這就是鐵板神數的技術，但做為一個命理學的研習者，筆者卻願意以子平命理學的方法、觀點與角度來衡量：

(1)父娶有雙妻，(2)自己乃偏生庶出。對子平學來講，這應該不是一個難題，因為我們若以五行十神之配合變化，去論斷並得出這個結論並不太難。

年月巳亥相沖，年支巳中庚金印星為月柱兩沖主有異母，有異母，則父娶有雙妻，而庚是偏印，庚傍是丙也是偏財，偏財偏印又受沖，再加上時支未空亡，又是年柱的「地刑」，更可以肯定自己是父親的第二個老婆所生。

（3）父先亡，母後亡。

以命理學的看法，八字的比劫很旺，巳中丙火被沖，丁火也被天干癸水所尅。而財星這個代表父親的五行火很衰弱，所幸的是日支是水庫，使旺水歸於庫，暫時不至於尅火。再進一步看，壬戌運，辰戌相沖，會沖開水庫去尅火，流年遇庚年，這一年其父應該有一劫，但不一定就死。辛酉運，戊午年，也是一個尅父的流年，因為大運巳暗拱丑，丑是丁火財星的墓庫，而午未合，丁火又透干，感應到財星，丁是正財，按理是妻子，但關建在於當時命主還在月柱巳亥沖的限運中，故不可以妻論。丑未暗沖，丁火的墓庫打開了，午又是丙火的羊刃，辛酉運將木氣封殺，丑未沖、亥午暗合，辰酉合，財星的原神甲乙木全都變質、受損。

實際是戊午年喪父。為什麼大名鼎鼎的鐵板神數不算出那一年喪父？

（4）自己生有二個兒子，命理上該八字有兩個戊土七殺和一個己土正官，而如若是神數，怎不斷其兒子之屬相？另外，從命理學的角度上看，應該還有子息夭折，子女中必有成材者，因時柱是喜用嘛。

老婆小自己四歲，從命理的角度上去看配偶的屬相，應該是在命理學上尚未被突破的難點，也許是有法則，但沒有人想公開，反正筆者還不能從命理學上看出來。

這一點，神數的論斷，筆者深為嘆服。

但是，經筆者和眾師兄弟的努力，倒是可以從第一次結識女（或男）友的流年上論斷其配偶的屬相，儘管不是百分百正確。（請參閱命理隨筆之《另類太極點》）

其實，憑心而論，上面的有關論斷也可以稱得上是一針見血，但就其掛招牌「鐵板神數」而言，不禁令人生疑，因為從所周知，神數的最大特點是可以準確無誤地斷出六親的生肖，而此例除了有關斷妻子的論斷接近「神」之外，幾乎其他的論斷怎麼看怎麼像是用子平命理學之法得出來的結果。或許這位師父是對子平命學有高深的造詣，也或許，我輩凡人，不解神數之玄奧!?

筆者無意打擊有意研討神數同道的信心，只是提出「隨緣」的建議。若有行文用詞的不當，還望同道海涵。

上蒼的饋贈

今天是鄰居阿東家大擺彌月喜宴的吉日，面色紅潤、體態發胖的阿東嫂懷抱著她的寶寶，臉上充滿了她的幸福和慈愛。筆者亦已為人父久矣，回想當年自己連抱孩子的姿勢都要護士糾正，想起了小女兒哭鬧時自己都無措，想起了她在呀呀學語、蹣跚學步，直到她背著書包走向校園，筆者不禁感慨時光已於不知不覺中流逝，而見證這一切的，竟是當年的小豆丁，如今已是婷婷玉立的芳華少女。

孩子是上蒼給予人類最珍貴的厚贈！

在探討命理學的歷程中，我們也會經常接觸到有關嬰、幼兒的命理課題，每當看到那些執幼童命造來詢問的人，臉上表露無遺的期待與希冀，筆者就會提醒自己謹慎地對待命理上的論斷和表述。

其實，古先賢對小兒命理之論述不可不謂之精辟。比如《滴天髓》就有《小兒》一章，清代袁樹珊《新命理探源》中亦有《童造》一節，其他諸如《三命通會》、《淵海子平》等等都有論述。在此基理上，並產生了一些論小兒命理的看法，較為流行的比如「小兒關煞」，當年曾倒背如流的32個關和31個煞，現在竟無法一一默誦。原因很簡單，就是我不太常用這些名目繁多的關煞來討論小兒命理。這絕對不是筆者對古典常用的論命法則的輕視，而是我覺得當今時代已進步，對命理學的研究也應該以一些較為通俗的路徑去學習。但是請注意不論用何種方法去對論命理學，我們還始終站在無數古先哲的肩膀上，只是思路有所不同罷了。

在古典論小兒的命理學論述中，筆者最為推崇的是清代任鐵樵先生在疏注《滴天髓·小儿》一節的評語，裡面不僅提到了優生優育，而且還提出了祖墳之影響。現將原文摘錄一段，與易友們共賞：

「……其餘關煞多端，盡皆謬妄，欲以何等惑人，則造何等神煞，必宜一切掃除，以絕將來之謬。」

在讀上面這一段話時，筆者不禁腦海中浮現劉伯溫先生在《黃金策》中的一句：「是以神煞多端，何如生剋制化一理」的名句。可以看出，古人神煞在命理學中的作用，古今諸家是有分歧的。而福建上杭一帶一脈相傳的命理流派，就是大多以神煞、星宿來論命，也很有參考價值。由於神煞不是本文的討論主題，故暫此停筆，另文再論。筆者想在這裡與易友探討一種論小兒命理學有點另類的法則和思維。

小兒沒有自我保護之能力，也缺乏明確表達自身的需要、不適等狀況的能力，對外界的危險的認識和預見性極低，我認為，抓住小兒的這些特點並結合十神的性質，遵循命理學的基理，就可以較為明確的對小兒的命理進行論斷。其實小兒的心理和生理的特徵，歸納於命學上就是：印星——代表保護和安全；官殺——代表侵害、危險和疾病。換而言之，在嬰幼階段的命理吉凶，應以官印的變化為入手點，並配合命造的喜忌，與歲運（甚至是流月、流日）的生剋，綜合去討論。

附：其他三個十神在小兒命理上的喻象：

食傷——代表飲食、營養、母乳以及活潑和表現；

比劫——代表同伴、小朋友和依賴性；

財——代表零食、玩具和非傳統之營養。

在傳統的命理學論小兒命理的流派裡，筆者比較信服的是福建上杭流派的一種稱之為「童限」法，不知其他各流派有沒有相似的或相同的論述，如果有，請易友們和我聯繫，在下先在這裡謝過了。童限的起法見附注。

下面這個命造是筆者的一位師兄的親族所提供。雖然是悲劇性的結局，但是我們卻可以從其中學到一些論斷小兒命理的方法。

女命，一九九一年八月十六日亥時

才	辛未	大運：戊戌	5
劫	丁酉	己亥	15
日	丙申		
傷	己亥		

這個命造的結構十分不好，丙火日干生於八月，四支全無生扶，亥中甲木亦被辛金蓋頭與申金所穿。一歲辛未，亥是木（印）的長生，但丙辛爭合，辛是財是忌神，飲食很成問題，丙為血液、為離卦也為心臟，在心臟和血液方面就會有病。二歲壬申，七殺攻身，七殺侵害是疾病。丙病於申，申又是財。三歲癸酉丙死在酉，是年柱之空亡，是一大凶之流年，事實是該年亥月因心臟病而夭折了。若以「童限」法來看，一歲辛未，童限在申病地忌神，二歲壬申，童限在未，未為燥土，其中有木火，不致應凶。三歲癸酉，童限在丑，丑未沖年柱，亥丑拱子，拱七殺的羊刃，十有九凶。

其實這個八字的原局已有夭折的資訊，但卻不一定就會發生，外因（歲運）是引發的關鍵，另外還牽涉到父母的八字以及其他因素。筆者在這裡祝願天下父母都擁有一個健康可愛的孩子，同時也希望此篇提醒易友們對小兒命理的關注。

附錄：童限；即一歲行命宮（丑），二歲行退宮（子），三歲行對沖（午），四歲行進宮（未），五歲退五宮（卯），六歲以後順行至大運。

有興趣的易支可以自行驗證。並歡迎提供例證與有關理論或文獻。

人約黃昏後

在文藝作品裡，男歡女愛是一個永恆的主題，筆者憶起在少年時，在課堂之上偷偷閱讀《少年維特的煩惱》而被老師捉個正著的情形。縱使後來因種種原因而研習五術之學，仍然很喜歡看一些文藝片，而現在螢幕上的文藝片充斥著畸形的戀愛，扭曲的兩性關係，而在現實中，物慾橫流、人心不古，在男女之感情上，已經很難找到一片淨土了。筆者自幼對古典詩詞感興趣，時光流逝，只會偶爾在月夜下憶起那些古人亙古不變的愛戀和真情流露、意境高雅的詩句，每當輕吟那些詩句的時候，如月夜般靜寂，幽遠的思緒與身邊的茶香一起漸漸升入無際的夜空，直至不見。

現今投身命理、卦理、堪輿的研習，也常常會遇到男歡女愛方面的命理課題。閒暇翻看那些或悲或喜，造化各異的命卜個案，感慨之餘不禁產生如何從命理的角度去更精確一點論斷與婚緣有關命理的念頭。手頭所積關於男女婚戀的原始記錄，為筆者的探研提供了一份最為寶貴的素材。從素不相識到共同組織一個家庭，這個過程的第一個環節就是初次結識。而我們又如何從命造中看出他（她）們在某一年認識的異性的情況呢？比如，對方的年紀、對方的個性、對方的事業、對方的家庭等等。臺灣命理學者鐘義明先生在《命理難題解題》一書中，就有相關的探討，也為我們的研究開闢了思路。

以筆者的觀點：1、我們首先應該從命局、大運、流年裡去確定是否有戀愛的跡象。2、其次，再從中挖掘源於六柱干支中的資訊。第一個步驟對廣大多數命理研習者來說並非難事。而第二點呢？該用什麼方法去論證？筆者在此以一些實例與易友們共同探討。

男命：才 己酉　　大運：癸酉 9

比 甲戌　　壬申 19

日 甲申　　辛未 29

傷 丁卯

一、先找出戀愛的資訊。申金中有戊土偏財，又是適婚年齡，要考慮進去。申與原局申酉戌三會金局，妻星（異性星）被合化成他物，這是其一，申又與日支伏吟，與時支卯暗合，這是其二，得出的徵象應該是：申運會結交女友，但是都不會成功，因為三會成金就是變成另外一種五行，另外，申與申伏吟，伏吟就是分裂，申又與卯暗合，也是被別人合去的跡象。

辛未運、戊寅年，寅申沖，感應到妻官，可是寅木空亡，但由於天干的戊土與年干己土正財感應很強烈，應該會有結婚的機會，寅申沖和寅木流年空亡是一個隱伏的憂慮。十之八九會臨時出現難以預料的變故（注意空亡的六神）。實際情況是，這一年命主與一女子幾乎確定要結婚了，並預定了酒席，但由於女方突然提出分手而泡湯。己卯年，卯與申暗合，感應到了妻官，卯年太歲因卯酉沖（在前）然後才合入妻宮，可以說是迫於長輩的壓力（酉在祖輩宮，又是官代表壓力），由於酉在長輩宮沖印，這年的婚緣十之八九與長輩（介紹）有關，卯與甲日干同類，不是同鄉，就是同學。實際情況是因長輩的勸說下而去與一名跟母親同鄉的女兒約會。

命理的研習就是這樣，就猶如福爾摩斯偵探故事，層層推理，再加上適當的類化。我們不能僅僅滿足於推測到這裡。這一年交到新的女朋友是不錯。這個女朋友有幾歲？個性是怎樣的？這需要先瞭解一些與年齡有關的六神含義，從大體上講：

傷官、食神是年紀小的。

正印、正官是年紀相差很大的。

比肩、劫財是年紀相差不太大或相似的。

上面的差距以5歲為一個界限。這個己酉乾造，我們已經知道因卯年太歲的感應而交到女友，那麼，就以這個流年的卯為太極點，卯的太玄數為6，地支序數是4。（其實，經驗上由於流年有感應到妻宮，用地支序數討論就可以了。但是，我們是在這裡對一個課題進行探研，不應該偷懶與教條。）

一、太玄數，丁壬卯酉6的看法：以6數為太極點，就可以得出16歲、26歲、36歲。以常理論，一個當時30歲的男子很難，也不可能去與一位16歲的女孩建立戀愛關係。以命理論，卯是日干的劫財，比肩可以類化年紀相似，即不會超過5歲。那麼，就先初步定下來這年所交的女朋友大約26歲。但是這樣還不夠，因為這個卯木與別的地支的感應也要考慮在內。

現在（目前）暫時作為參考的數值如下：

A：三合成局，考慮加4

B：三合成局，考慮加3

C：本合局，考慮加1

D：暗合，考慮加0.5

E：伏吟，考慮減1

F：六沖，考慮減1

G：若是正卯去引動配偶宮，考慮二倍以上的太玄數。

根據上面這個原則，從26歲出發：

1、卯與大運未半合，加1，得27（歲）

2、卯與年支酉沖，減1，得26（歲）

3、卯與月支戌合加1得27（歲）

4、卯與月支申暗合減0.5，得27.5（歲）

5、卯與時支伏吟，減1，得26.5（歲）

而根據實際的結果，此造於己卯年新曆6月結交到一位癸丑（一九七三）年的（二月十日生日）女支，與26.5歲（週）的數值基本吻合。

二、再以卯的地支序數4來討論。在實踐中，筆者發現，很多時候用地支序數來討論對方的歲數，比較快捷，就如電腦裡的「快速鍵」。如這個己酉乾造，卯是乙、是劫財，女友也比自己小，但決不會小過5歲，卯為4，自己的生年（1969+4=1973年）但是，千萬不要以為這招百試百驗，因為從目前的研究來看，還缺少大量的實例之佐證。上面，我們討論的是流年配偶宮有感應下的對方歲數，生年的年支。但如果流年未感應到配偶宮呢？

男命：比肩	丁巳	大運：壬寅	2
偏官	癸卯	辛丑	12
日	丁卯	庚子	22
偏印	乙巳	己亥	32

（筆者曾於庚辰年推斷本造在意想不到的情況下於壬午年交到一個18週歲的女友）大運庚子，流年壬午。子午是桃花，大運天干正財合入本命，是交到女友的命理看法。而子午沖擊，再加上原局只有巳中庚金，又於庚子運空亡，所以是意想不到的情況下交到的。由於午年太歲未與配偶宮卯發生感應，所以一時難以找到探討女方歲數的立足點。但命理學是一門活學活用的學問，所以，不可以執著於這個午年太歲，因為大運干（又是前五年主事）是庚，本身就是正財星。

這樣，我們完全可以用庚為出發點來討論。乙庚丑末8，是18歲，為什麼不會是28、38歲？因為午年是日干的比肩，庚沐浴於午，所以可以肯定是小於自己。這是一種常見，也常用的流年與配偶宮感應時的看法。筆者在本文中提出的兩種看法也歡迎各位同道指教交流，進一步探討。命理學本身就是演繹的學問，經過統計、歸納、篩選，以出發點（太極點）找出一些共性的東西，這樣，才能不斷完善。

而筆者想，二千年來，命理學的探研不曾因世事的變遷而沒落，恐怕就有這個原因吧。另外，就上面的二個例證，我們還需進一步的去探討其他有關當年所交異性的命理徵象。

己酉乾造當年所交女友：

1、個子不高；2、母改嫁；3、家教嚴；4、牙齒不整齊；5、認識後即同居懷孕（懷的是男是女？）怎麼看？

丁巳乾造，當年所交女友：

1、身材很矮；2、較瘦；3、好管男友；4、是女方主動的；5、當年即同居？怎麼看？

其實並非筆者在故弄玄虛，因為對於一種命理徵象若從不同的太極點出發，就會產生不同的論斷，有的法門或者會比筆者所用方法更加快捷。而家師亦經常說一句話：命理之傳遞，貴在思路，而不是給他一個現成的公式。這便使我想起一句先哲的名言：授以以魚，不若授之與漁。在上面的文字即將結束的時候，已是戌時中刻，筆者放下筆，走到樓下漫步，以驅解二、三日來的疲倦，而就在不遠處的一株垂柳之下，有一位頭髮上束著蝴蝶髮卡的女孩子，不時的看腕上的手錶與臉上的表情，分明在告訴我們，在這個紅塵裡，又一出浪漫愛情故事的開始。而就在筆者緩緩踱步近前之時，一輛很新款的摩托車飛馳而來，接走了那位焦急等待已久的女孩子，留下一串她銀鈴般的笑聲。筆者驀然憶起少年是曾記誦的一首宋人歐陽修的《生查子》詞：

去年元夜時，花市燈如畫。月上柳梢頭，人約黃昏後。

今年元夜時，月與燈依舊。不見去年人，淚濕春衫袖。

此時雖不是元夕之夜，而一輪圓月已掛在銀漢，在那柔潔、華美的月光下，空餘悵然若失的垂柳。不知何處來嗚咽的簫聲，竟與筆者的身影一般消瘦清冷。

附錄

一、女命：癸丑、甲寅、丁丑、乙巳（八歲運）己卯年認識己酉年（67）生男友
二、女命：庚申、己卯、丙申、己卯（四歲運）己卯年認識癸卯年（63）生男友
三、男命：戊午、癸亥、辛卯、壬辰（五歲運）戊寅年認識壬子年（72）生女友
四、男命：壬辰、甲辰、辛亥、戊子（一歲運）丁巳年認識戊戌年（58）生女友
五、男命：壬子、丙午、壬申、己酉（九歲運）戊寅年認識癸亥年生女友
六、女命：戊戌、丁巳、丙午、癸巳（八歲運）丁巳年認識壬辰年生男友
七、女命：甲寅、庚午、丁巳、甲辰（六歲運）乙亥年認識辛亥年生男友
八、男命：辛亥、丙申、庚辰、己卯（八歲運）壬申年認識壬子年生女友
九、男命：辛亥、戊戌、己巳、辛卯（一歲運）乙亥年認識甲寅年女生友
十、男命：甲寅、戊辰、丁亥（七歲運）甲戌年認識甲寅年生女友
十一、女命：甲寅、戊辰、壬午（一歲運）甲戌年認識甲寅年生男友
注意：第十例和第十一例是一對，這兩個人只差五天！！！
如果你去根据這些資料進行推演，相信你會發明出更多更完整的訣竅。

夜久語聲絕，如聞泣幽咽

筆者與命結緣以來，結識了一些相知的易友，而他們總是無私的給予筆者研習上的幫助，在筆者厚厚的命造檔案裡，就不乏他們提供的造化各異的命造，其中更有他們親族好友的命造及較為詳實的相關資訊。就在這些黃金般珍貴的資料裡，有著他們的歡樂，也有令他們不堪回首的痛苦。

C君，是筆者相交多年的好友，雖然年紀比筆者大許多，但是我們相談頗為投機，C君膝下的子女俱都長大，而就在C君計畫退休安享黃昏之樂時，他的幼子卻給他帶來了最傷懷的記憶。那個年輕人也為自己的輕狂與失去理智付出了身陷囹圄的代價。筆者還記得當時驚聞愛子出事，C君低落黯淡的情緒，蕭索無助的身影令人欲勸無言。可以想像，這位父親的內心正遭受怎樣的痛苦熬煎。

「人之初，性本善」，悲劇的發生，是否真的是由命運的使然？筆者就想以這個八字和大家做一次命理學上的探討。

男命：一九八零年十月十六日卯時

比肩	庚申	大運：乙庚年六月廿六交脫	
正官	丁亥	戊子	5
日元	庚子	己丑	15
正印	辛卯	庚寅	25
		辛卯	35

這個命造庚金生於立冬後十四天壬水食神當權司令。秋金銳銳，最喜火煉，但本造丁火正官虛浮，已失其用，地支亥子、申子半合（會）水局，己土印星已有崩堤之憂，這種結構很符合《五行生尅》賦云：「北金戀水以沉形」的狀態。

金水兩旺，對女命來說，人會長得漂亮，但對男命來講，則會有任性、放縱的跡象，水是忌神，大運己丑，似乎沒有水，但亥子丑三會水局成，己土乃泥濕之土，無堤防之功，水是食傷，水旺必然導致A火滅；B土崩。食傷代表的特性是任性，膽大妄為，而印星則代表名譽感、傳統的倫理觀；正官是傳統的社會約束力、規範性（實際上就是法律、法制）。在己丑大運，因為亥子丑的三會，使火（約束力）滅、土（善良、名譽感）崩；單就六神的角度上看，在這步大運上就必有一劫。

流年走到己卯，小限己未，另有一種跡象。這時需要以神煞的觀點去輔助判斷，原局庚申年的官符星在子，丁亥月柱的官符星在卯，己卯流年與時柱伏吟，伏吟到財星和官符星，而大運亥子丑三會又引動了子水這一個官符星，有時候神煞的作用確實令人感到迷惑，因為並不見得碰到官符星就會犯官災，遇到桃花星就會有異性緣，其實我們往往忽視了神煞與喜忌、六神心性的配合，就本造而言，犯官司的發生還與大運的丑有著莫大的關係，丑是日元的墓庫，亥子丑一會，日干墓庫就被引動，小限己未一沖，這個墓庫就打開了。印星土的崩，是最終的契機，因為印是代表了保護。

有一種論法值得探討，是以食傷代表自由，印星代表保護來論。但就本造而言，食傷在犯官災的流年大旺，是代表命主有極大的自由嗎？顯然不是，食傷是自身發洩出來的，會去觸犯到官星。其實問題的本質是要以命局喜忌來論才行。

我們再以範圍數身命卦來印證庚申乾造。以範圍數，本命得《澤天夬》之《兌為澤》，坤宮土。

田　兄弟丁未土、、

勾　子孫丁酉金、世

朱　妻財丁亥水、

青　兄弟壬辰土〇　　兄弟丁未土、、

玄　官鬼壬寅木、應

白　妻財壬子水、

有心的同道一定注意到上面的卦爻納甲中，內卦《乾》此處納「壬」，而不是常規的納「甲」。此蓋因「二老時還，三少不變，則干支六十，可得而具焉」。命主在一九九九己卯年正好是二十歲，在第二爻官鬼寅木運，此鬼臨玄武、青龍二獸，玄武乃是暗昧不法，青龍則是官府。己卯流年的太歲卯，沖擊世爻酉金，這就是犯了太歲，而卯、寅同屬官鬼，太歲是官鬼、官府，命屬申，又與卦運之寅沖，單憑這兩大現象，基本就可以判定命主這個己卯是兇險的流年。

凶在何處？是病？是官災？青龍玄武組合，是官災也！何況流年卦之小限在白虎、騰蛇兄弟，兄弟會劫財，不為女人即為錢財而致官災。木鬼三數（五行數）至少會有三年牢獄之災。（實際從收審到判刑時間正好三年）

範圍數身命卦與數理、命理學暗合。但只是在筆者本門小範圍流傳，筆者在此提出，希望能引起同道們的重視，機緣成熟，筆者願意與諸位更深入的探討。

我們再來論論下面的這個命造：

男命：一九七四年十月十九日卯時(西曆)

		大運：丙辛年八月廿九日交脫		
正印	甲寅			
偏印	乙亥	丙子	2	1976
日元	丁丑	丁丑	12	86
偏官	癸卯	戊寅	22	96
		己卯	32	2006

這個八字的特點是印多印旺，七殺透干、殺印相生，理論上沒有什麼大的破綻，但是最大的敗筆在於丁火日干本身虛浮。寅中有丙火不錯，但寅亥合木，化為烏有，這個八字以筆者的看法，要以巳火與午火為喜用神，因為本氣是丙丁火。

目前行戊寅大運，戊土傷官，傷官與印星開始產生強烈的交感，以心性來論，傷官是膽大妄為、非傳統；印星是傳統、名譽感；二者產生了心態上的矛盾，而這種矛盾的最後傾向與喜忌有很大的關係。

流年辛巳，巳亥沖，巳是喜用神，巳丑暗拱酉，沖卯木，而這個暗的酉金因此成為歲運的焦點。巳酉丑引動了這個日干的墓庫，暗拱出的酉是財，巳火為喜用，結論是：

1、喜用神變質；

2、與財有關；

從這兩個方面可以判斷有牢獄的傾向。再配合日干的墓庫動了，可以肯定就是牢獄之事。

另一種看法也值得提出來，戊寅運，戊土傷官坐長生，戊傷合殺，傷官合入本命中，引動了傷官與七殺，產生了尅合的現象，傷官占了上風，傷官旺就要考慮會發生目無法紀而發生犯罪之事。

實際情況是辛巳年涉嫌黑社會活動而被捕。

上面兩位事主都處於青年階段，正是他們成長、成熟的關鍵時期，以我們討論命理學的觀點看，是傷官、墓庫、神煞的作用，但若換另一種角度看，又何嘗不是與家庭的疏於管教有一定的關係呢?而再進一步想：若經過幾年的牢獄之苦，能夠換來一個知廉恥而後勇、奮發圖強的青年，又未嘗不是一件幸事!

我們同樣再以範圍數身命卦來印證甲寅乾造。以範圍數，本命得《澤風大過》之《雷風恒》，震宮木。

青　妻財未土、、

玄　官鬼酉金、

白　父母亥水、世（午火孫）○　官鬼申金、、

田　官鬼酉金、

勾　父母亥水、

朱　妻財丑土、、應

2001流年是辛巳，命主二十八歲，在三爻酉金官鬼運，小運在初爻朱雀妻財丑土。這個身命卦，世爻是父母亥水化出官鬼申金，典型的白虎銜刀，除了白虎，還有勾陳也臨，這種組合的命

主，相貌比較凶，內心亦有嚴重的暴力傾向。這種結構，按照古人的法則，職業傾向會是屠戶或者軍警，但亦有可能流於江湖亡命之徒。亥水合命（寅），為人自我感覺良好、自負。

官鬼酉金運，統五年，具體是：己卯、庚辰、辛巳、壬午、癸未，根據這五個流年，我們可以知道，實際上在一九九九己卯年，命主就已經犯事了，流年卯沖卦運酉，沖到官鬼，那為何己卯年不會被抓？各位分析一下小運就可以明白。第二年庚辰，辰酉合，辰是世爻水之墓庫，墓庫者，躲藏、隱蔽之象，可以推斷，這一年事主低調了不少。到了辛巳年，流年之巳、卦運之酉、小運之丑三合成卦運之酉金官鬼局，這個酉金不僅是螣蛇，還是朱雀主訟，則可以比較肯定這一年會有官符牢獄之災。

諸位不要把範圍數身命卦的「動爻」看的太重，因為以數取卦，只有一個動爻，這個動爻，僅僅是一個大的「參照物」，比如此例，這個動爻在世爻亥水白虎，表示命主難以穩定，水動尅火，火是孫爻，孫爻類似命理學的食神傷官，於是我們可以知道，命主平時言語不多，福德淺薄，沒有慈善之心。

下面，筆者附上《玄玄網易－四柱版》版主明德兄提供給筆者的三例相關命造，供大家參考。並在此感謝明德兄的支持！

男命：己未 丙寅 辛未 辛卯（二零零零年入獄）

男命：壬寅 丙午 己丑 甲子（二零零零年入獄）

男命：丁未 癸丑 甲申 乙丑（一九九四年入獄）

雲想衣裳花想容

據說在遠古時代，人類在群居生活中漸漸產生了羞恥心，而把樹葉編纏於腰際。後來以獸皮掩體。從樹葉到獸皮，乃是一種人類文明上的推進。推而廣之，服飾的演變，也是人類認識上的變遷史。筆者無意論證服飾文化，只是想就與此有關聯的命理學徵象提出一些看法並討論。

一個人是否特別顧及自己的容貌與衣著，與很多事情有關聯，由於命理學是一門至今仍在不斷探索的學問，所以在此，筆者提出的觀點看法一定會有很多疏漏的地方，若本文有拋磚引玉之功，足矣。

以女命來講，「女為悅己者容」，特別是在古代，女性參加社會活動的機會較少，而妝飾打扮往往是獨自對鏡欣賞。處於懷春的年紀，自然是為鍾情的男子而打扮。現代女性已全面的參與到社會各個層面之中，裝飾打扮，不僅僅是為了「悅己者容」，還有一些社交方面的因素。因此，我們可以從以上的簡述中去提取相關命理學的符號。

一、對於女性來說，無論是為戀人而打扮，還是為了社會活動而打扮，都可以定位於財官二星，因為財是與異性勾通的橋樑，而官殺不僅表示異性星，還表示社會的工作、壓力、適應力等，所以一般來說，八字財官俱透的，會很注意自己的衣著打扮。還有一點補充的看法，就是比劫，比劫是競爭、攀比，所以要注意，有比劫多的也會刻意的去打扮。由於比劫會尅財，進而影響到官殺，所以，注意比劫多、透者，是否有那種盲從潮流的特點？

二、對於男性來講，看法應該以食傷為主線，而七殺為輔助。食傷是與異性勾通的通道，男性同樣也會為博得女性的好感而打扮，至於官殺，應該從十神之心性來論。因為七殺是愛出風頭，愛與眾不同的星宿。

三、特別提出注意的是，這種情況並非一成不變。有的命造只是在受到歲運的引動時才會較明顯的表現出來，打個比方，男命在談戀愛時一定是妻（財）宮或妻（財）星受到引動，這時就相對的會有注重打扮的傾向，即使他原來是一個比較不注重儀表的人。

A、男命：丁未、丙午、丙寅、甲午。這個命造的主人身高180CM，一表人材，很注重自己儀表衣著。是一個相當時尚、新潮的男仕。現定居於義大利。從他八字的結構上看，比劫很旺，而官殺星都沒有，只是食傷有強根而已。但不透出，為什麼會這樣？其實，兩個午暗沖一個子，加上紅豔、桃花，由於在原局中有很強的感應，所以愛打扮自己會很突出。

B、女命：癸亥、乙卯、庚子、己卯。這個女命容貌頗為秀麗，並且成天注重於化妝、打扮。從八字結構上看，庚金日干逢水，金水相生，容貌必然出眾，又由於財星長生，日坐桃花，加上時柱正印，必定是一個善於打扮自己的人（此人職業為美容師，是一種巧合嗎？）

C、女命：戊午、戊午、己丑、甲申。這個女命是從比較落後的鄉村來的，很喜歡打扮。但是由於自身的素質不夠，往往打扮起來適得其反，令人啼笑皆非。這個八字財星旺透，但食傷暗旺。正好是屬於那種會盲從潮流而畫虎不成反類犬的類型。

D、男命：辛亥　戊戌　己巳　辛未。大運：丁酉1　丙申11　辛未21。食神透出，但辛金是「畏土之疊，樂水之盈」，所以這個食神是虛浮的，不起什麼實質的作用。七殺星伏於地支，所以是一個比較典型的靠歲運引發才會注重儀表衣著的命造。

申運，食神很旺，會開始注重自己的儀容衣著，可是，巳申刑合，不是那麼明顯而已。乙未運，亥未拱卯木七殺，這個乙運很明顯的注意打扮自己。

根據筆者的多年經驗積累，不論男女，在紅豔星所臨的流年，也會更加註意自己的打扮、服飾，而花錢在這上面。

命理與我們的起居生活息息相關，原則上很多事項都可以從命理八字中找到痕跡。而找到八字命理與生活狀態相吻合點的意義在於使我們能更全面地瞭解這門學問，並且去充分應用。

附錄、關於這個主題的討論，筆者與明德兄的一段對話：

明德：劫、梟、財的三者透，要身旺或入格局才可以做愛打扮論，而為忌者則不作此論。

筆者：以六神心性來論，財代表紅塵俗世之物慾，偏財尤甚。而劫為競爭，印為端莊、儀容，偏印則傾向非傳統性（新潮）的妝飾，以上三者透出或引動可以論為愛打扮。

鼾聲如雷話命理

人於睡眠之中，會發生打鼾的現象，有一種說法解釋是疲勞後的睡眠裡才會打鼾，筆者以為，這種說法至少可以說是不全面的。筆者曾專門向一些從事體力和不從事體力勞動的人詢問過，結果是，從事體力勞動的人有人會打鼾，而沒有從事體力勞動的人亦有鼾聲如雷的。現在我們從命理學的觀點上討論打鼾，

首先必須找到打鼾在命理學符號上的一些定位點：

第一，打鼾是在睡眠中才發生的。

第二，會發出聲音。

第三，乃事主自身不可控制。

如果把第一點定位在印星裡，第二點定位在食傷或金，第三點定位在官殺上去進行討論，是可行之道否？

男命：壬辰、癸丑、丁丑、己酉。已知的這個主人稱呼嚕王，其呼嚕據描述有如春雷貫耳之勢，又如長江之水綿綿不絕。這個八字辰中一點乙木官星，被丑中辛金所尅，又與酉合化為烏有。印星是保護星，也是穩定之星，可以廣義推演到睡眠中，睡眠中的不穩定性可以是輾轉反側，可以是夢遊，也可以是打呼嚕。而發出聲音則與兩個原則有關：一、食傷；二、金的五行。

打呼嚕當然不是當事人所能控制與希望的，但是發聲卻是由於「我」而致，必須兼顧到食傷。食傷表示一種排出、洩出、發出，這個八字土為食傷，在地支因為丑辰刑、丑丑伏吟而不穩定，酉金時支空亡，與丑合，金空則鳴。

再討論官殺，這個八字官殺氣勢很強，又無印星轉化，官殺是壓力，是不可預知的狀況。官殺和食傷混在一起，會產生強烈的感應。

需要補充的是，上面的討論我們不必牽涉到格局和喜用神。

從壬辰乾造的分析，我們可以得出以下的結論：

一、自坐官殺；二、酉金逢空亡、刑沖。三、食傷與官殺刑、沖（交感）。

命學的訣竅應該是取之不盡的，而且也將會不斷的完善，筆者在此的看法僅表明我個人的觀點。下面提供幾組八字實例，供同道們參考探研。

乾造：丙午、癸巳、乙卯、癸酉此人曾是筆者的同事，只要躺下五分鐘之內，便會發出巨響，筆者與別的同事當時曾深受其苦也！

乾造：甲寅、癸酉、壬戌、癸卯

乾造：己酉、甲戌、丁丑、甲辰——————此兩例均自述會打鼾。

另外，筆者在查證和搜集中尚無收集到關於女性打呼嚕的命例，還望同道們繼續論證，並且歡迎探討。

偏生與庶出的命理

在命理學的世界裡，可以研討的園地很廣闊，即使是那些已經成為所謂定論的東西，一樣還可以繼續去研究、去探討。這些課題有些牽涉到一些命理學的「不傳之秘」。其實，我一直反對有什麼「不傳」的東西，因為那樣的結果，只是使命理學的研究一代不如一代，最後的結局只是消亡！

也應該看到，由於眾所周知的原因，命理學者對一些所謂「絕技」往往諱莫如深，更有不良命師以此騙錢騙學生，直至對方口袋完全掏空，仍舊一無所得。子傑有幸得遇明師，他並未藏私，但由於理念上的不同，我仍然為一些技訣是否要公開，與家師有過不同的意見。在深夜無人時，在煙霧的檯燈下，那些學藝的時光如同舊電影一樣閃過，令人感慨不盡。

前段時間，有易友跟我討論偏生庶出的問題，而我在瀏覽其他網站時發現也有人在對此進行公開的討論，這實在是一件命理界上的幸事。而子傑想以這個話題作為一個開始，通過與易友們共同研究一些古傳技巧的優缺點，希望大家不要迷信於這種「快捷方式」，而是要掌握他的思維方式和應用法則，其實，就是說每個人，都可以開發命理的訣竅，但有一個規則，就是要反復論證，不斷完善你的觀點與方法。

關於偏生與庶出的命理問題，似乎在現在的八字中不太常見，而在古代、近代，卻往往會遇到。但卻不能忽視這樣的一種現象：就是離婚。某個八字的主人，因為父母離異再組家庭，而使自己變成偏生或庶出。關於偏生庶出的命理，散見於古代賦文詩訣中，卻沒有完整的專門的論述。所以，一直以來都比較難掌握。當時得傳授時，曾經學過一個訣竅：就是時支與年支的三合墓支相沖，就會是偏生或庶出的命理，具體地說，比如年支是亥，亥卯未三合，未是支，未與丑沖，時支出現丑者即是。

例一：男命，丙子、庚子、己亥、丙戌。年支子，申子辰，時支戌，暗沖辰，實際上本造是父親的第二個妻子所生。後來，我在翻閱古代賦文時發現，這並不是獨門的秘訣，因為在《玉照神應真經》中有這麼一句：「地刑所見，次母所生」，這個時支暗沖年支的墓庫，就是地刑的一種表現形式。當然還有其他的用法，容後再敘。

例二：男命，癸巳 癸亥 壬辰 乙未。年支巳酉丑，時支未，這個八字也符合這個原則。而實際上也是父親再娶的妻子所生。

這個原則據我的經驗準確率還是相當高的。但必須要符合一個條件，父母宮（月柱）與祖輩宮（年柱）有刑、沖、或伏吟。

例三：男命，丁酉 壬子 己未 庚午。這個命造也符合上面的原則，但他不是偏生庶出，其原因就是因為父母宮和祖輩宮沒有不良的感應所致。所以子傑以為對前人的經驗不可以迷信，但必須要去尊重他，畢竟是前輩數代人的心血。

如果以上的原則在八字中沒有明顯顯示而命主卻又的確是偏生庶出，該如何討論呢？

例四：癸丑　戊午　壬辰　庚子。這個八字原載於《易文化論壇》也是一篇討論偏生庶出的文章，原作者卜文先生的命理功力精深，那篇討論偏生庶出的文章極為精妙。值得易友的參考和學習。我想從另外的角度來進行討論。就是運用胎元。胎元乃人受胎之月，以月干進一位，月支進三位。

即如例四的命造，月柱戊午，胎元就是己酉。壬日干以辛為母，即胎元之酉，以丙丁為父。這個酉與年支丑合，又與日支辰合，印星多合，而壬癸水是印星的食傷，也表示母親的婚姻不順，要再嫁或嫁一個二婚的丈夫。

例五：男命，乙巳　丙戌　乙丑　庚辰。也是《易文化論壇》的例子，胎元丁丑，乙以壬為母，己為父。丑中財星印星與辰中的財星印星相互刑沖，也表示母再嫁或嫁一個二婚的丈夫。

例六：男命，己卯　己巳　壬辰　丁未。也是《易文化論壇》的例子，胎元庚申，印星，丙丁為財。申與巳刑合，財印刑合到父母正宮位。同上理。

例七：男命，丙辰　乙未　乙亥　辛巳。也是《易文化論壇》的例子，胎元丙戌，壬印丁財。戌與辰沖，未刑也刑沖到財印。乃同上之理。

從上面的討論可以發現，一般的情況下，財臨刑合，是父有雙妻，印二合，是母有二夫。但若以胎元來討論，印臨刑合，母嫁二夫的概率較大也可以推知，自己（本造）是偏生庶出的概率也較大。

再來探討下面兩個比較特殊的命造的父母之情況。

例八：癸巳 癸亥 壬辰 乙未。即前面（例二）的乾造。這個八字除了自己是父親再娶的第二個太太所生。而且自己的母親也嫁過二個丈夫。前面一個丈夫死亡，後來嫁了現在的父親。八字中有沒有明顯的象徵呢？

這個八字年月巳亥沖，巳中庚印丙財都被沖剋，先天就是父母婚姻有變的跡象。印星庚辛金以水為食傷，本造水旺，就是母親的食傷旺，食傷會剋到母親的丈夫丙丁火，再加上巳亥明沖，所以可以肯定母親嫁過二個丈夫。父親為丙丁火財，八字中財星衰弱，又如何會有雙妻？

論據之一是前面討論過的「地刑」是「偏生庶出」，既然是庶出，那麼父親當然要討不止一個老婆，這是簡單的以果推因。論據之二、胎元是甲寅，為丙火長生之地，更主要的是寅亥雙合，父必雙妻。

另外，本造祖父亦娶雙妻。又該如何討論呢？相信大家已有答案了。

例九：男，戊戌 癸亥 戊申 壬戌。也是《易文化論壇》的例子，筆者摘錄其原文如下：財星雙合，父必雙妻，月令財星，印綬藏，也是父親與第二個妻子所生。但此造更特殊：「他的生身父親在有妻室的情況下與他的母親偷情意外懷孕，母親在沒有辦法的情況下嫁與別人。他本人只知道養父而不知道生父。」

這個命造比例八更為複雜，與例八不同在於父母同樣有雙妻雙夫，但本造的生身父母卻不曾結婚！戊以丁為母，戊中丁火為母，以壬為財父。申亥中壬水為財父。戊中丁火與月支亥中壬水合，就是年時戊中丁火聯合起來與月支中的那個壬水父親合，先天跡象就是母親與人爭夫，胎元是甲寅寅亥合，使丁火無法合到月支中這個壬水夫星（即命主的生父），而寅戊合、寅申沖，徵象就是胎元的寅聯合戊去沖日支申中壬水，似乎從這一點去討論本造與現在的養父的緣份也不會深，只是原文未做深入的說明，這裡也僅僅是我的推測而已。

討論六親中父母的婚姻及相關的事項，最要緊的是抓住：一、財星印星；二、宮位；三、胎元。如果再配合一些訣竅，應該可以較為清晰地勾勒出大致的框架。（請參閱《子傑與觀禧》）另外，若運用胎元甚至可以推測出出生前父母親的家居、事業、情緒等方面的事項，這些項目我們日後再來探討。

醫理與命理

由於研習命理多時，筆者結交了不少朋友，有些朋友雖不懂得用五行六神與陰陽生尅去為人論斷吉凶，但卻懂得用陰陽五行去做一件相對意義上似乎更實用於命理的事，那就是中醫醫生。Z君，就是這樣一位杏林中的高手。在庚辰年的初秋，在Z君的私人診所，他拿出了一個八字讓我看。

男命：命宮：乙巳。胎元：甲辰。

正官	丁巳
傷官	癸丑
日元	庚寅
七殺	丙戌

大運：每逢以庚年七月三十交脫

壬子	7	1984
辛亥	17	1994
庚戌	27	2004
己酉	37	2014
戊申	47	2024

從年月癸丁相尅來看，本造的父母必定是不太和睦。但我卻未向Z君證明這一點命理跡象。

我關心的是另一個現象：傷官見官再加上官殺混雜的人的個性。

一般來說，傷官膽大，喜創新，而官殺相混必會壓迫到命主，這類人的個性往往比較死腦筋——反而會鑽牛角尖。若是全盤官殺，不見傷來混，則命主比較伶俐，多才多藝，本造的命理性格結構很不好，是那一種意志力比較薄弱的人，加上這個八字庚金冷、弱，行事比較憂柔寡斷，並且會比較偏激，其實偏印的人也會比較偏激。看八字個性就象抓中藥一樣這個一點，那個一點，就開出一個方子來。

我知道從一個醫生那裡給來的命造，恐怕跟他的病理有關。我便問：此造從目前辛亥大運，前是壬子運，這樣強旺的傷官，金生水洩身太過，書云：北金戀水而沉形，是否本造有生殖器、腎臟方面的疾病？

Z君回答道：此人患了遺精之症，目下十分嚴重。Z君接著問道：在命理學上有無徵象？

我答：本造癸為腎臟，壬子辛亥相而水旺，水主腎，而日干庚金虛弱，遇水洩之太過，此乃命理。從歲運看，應該是病於子運。

「何以見得？」

「壬子運，癸水祿地，庚日干死於子，原局寅戌拱午，暗沖子，子午沖，正印逢沖，日干又弱，子運金水（特別是水）旺的流年會很嚴重的。子運有壬申、癸酉年，應該是壬申年水得長生、寅申沖庚的祿而病發。」

「不錯，正是壬申年得的病！」

「子傑對於中醫學只知皮毛，男子性成熟後夢遺應該屬於正常現象，本造如何如此嚴重？請Z君指教病理上的看法？」

遺精分夢遺和滑精之症，先賢張景岳曰：「壯年氣盛，欠節房慾而遺精，此滿而溢也』，所以一般夢遺和滑精並不完全屬於病症，病因有三：一、君相火旺，因用心過程或因思慾未遂，引起心神不寧，君火偏亢，相火妄動，此一也；二、腎虛不藏、恣情縱慾，必致傷腎，腎陰虛則相火亢盛，而乾撓精室，致使封藏失職，腎陽虛則精不固，此二也；三、濕熱下注，此損飲食常因厚味或刺激性食品，致濕熱內盛，此三也。」那麼本造的情況應該類似於第二種，又或是其中有令人難以啟齒之因由？

Z君道：「病家情況我本不該妄言，但你我既是在研究命理，倒也無妨，況且當事人你也不認識。此人壬申年自慰時被家長驚見並以言語斥罵，從此便結下此症。而命主個性偏激，幾次欲自盡，幸而未遂，以子傑你剛才所分析的個性來看，確實命理學涉及面極廣，即如醫家們所提倡的『身心兩者的配合。』」

筆者道：「是了，壬申年寅申沖，申日庚金既是日干，被寅木所沖，也可以類化為「突然」發生之情況，只是命主竟偏激到『尋短見』，也是匪夷所思。請問您們醫家對於此類病症的治療有何側重？」

Z君答：「這個病的心理治療重要於藥物治療，應該針對命主個性上的不足加以輔導。心症還需心藥治，家長尤其要配合。至於藥理治療，因症而施，本造因庚日干弱，以培元固本為主。如用『三才封髓丹』、『斑龍丸』、『知柏八味丸』等。子傑兄，依命理的看法，您認為此病可有轉機？」

筆者道：「目前仍在亥運，還是水肆虐的運程，巳亥沖水，只是杯水車薪，今年辰戌沖又致使水庫大開，恐一時湯藥無功。理論上要走到日干強旺，土制水才會好轉。依子傑淺見，明年巳，巳丑拱酉，日干之強根，後年壬午，三合火局，水得到洩耗，只要調整心態。堅持用藥，明年至少會有轉機，壬午年應該就可以痊癒了。」

時間流逝，筆者早已忘記了這次命理和中醫的談話。在於壬午年的五月，Z君打來電話，告知命主辛巳年下半年開始好轉，今年壬午年已痊癒，並且找到了女友。筆者實在為這個年青人重新回到健康正常的生活中而感到高興。而對於筆者而言，也可以在兩年前的命造個案後面寫下一串欣慰的結案文字了。

如今陰陽兩相隔

十年生死兩茫茫。不思量，自難忘。
千里孤墳，無處話淒涼。
縱使相逢應不識，塵滿面，鬢如霜。
夜來幽夢忽還鄉。小軒窗，正梳妝，
相顧無言，惟有淚千行。
料得年年斷腸處，明月夜，短松崗。

這首《江城子—乙卯正月二十夜記夢》是北宋大文學家、書畫家蘇軾為紀念亡妻王氏所作，詞意意境悲愴哀痛，讀來令人肝腸欲斷，尤為感人，足見蘇先生對亡妻的一片真情。

而筆者的一位摯友X君，在壬午年的這個七月裡，也承受著喪妻之痛。這首詞或許可表達X君的心境吧。壬午年甲辰月廿七日，我們易研小組的同仁聚會時間，X君面色沉重來遲，我們相聚多年，一看便知有事發生，X君緩緩的說昨天經醫院確診，其妻為肝癌晚期，一時間我們都不知說些什麼。X君再也抑壓不住悲愴，掩面輕輕地抽泣。

知己莫若友，我們近年來可稱朝夕相處，X君與妻陳氏少年夫妻，經歷了各種生活上的風風雨雨，幾十年相濡以沫，同甘共苦，將膝下兒女養大成人，而夫妻相敬如賓，為人們所稱道。而

X君行事沉穩機智，筆者從未見他如此的控制不住自己的情緒，看著淚水在X君臉頰上流落，筆者的心裡也如刀絞，竟然一時無言以勸慰。

筆者手上記錄有X君及其家人的命造資料，現在，我們就從命理學的角度來探討為什麼會發生這樣的不幸。

男，一九三六年十二月初四巳時

偏財	丙子	大運：癸戊年正月八日交脫
偏印	辛丑	壬寅 6 1943
日元	癸卯	癸卯 16 53
正財	丁巳	甲辰 26 63
		乙巳 36 73
		丙午 46 83
		丁未 56 93
		戊申 66 2003

目前正行第六步丁未運，明年交脫戊申。而本限運行到時柱丁巳階段，這個丁未運因為丑未沖，會沖開丁火的墓庫，而卯未運支合日支，感應到妻宮，這個運限與妻星、妻宮的感應，較可

以肯定會發生與妻子有關的不吉之事。去年辛巳，巳丑拱酉暗沖日支卯木，在這樣的流年本來就應該注意配偶會發生事情，可惜沒有引起重視。今年壬午，子午沖，流年與生年沖，巳午未三合火財局，財星理應妻無災，但巳午未三會，將歲、運的土（官殺）全部轉化成火，其結果是妻星旺極，羊刃沖合歲君，使旺火（妻星）洩不通，器滿則傾，這是其一，而午年太歲又是丙火正財妻星的羊刃，妻星羊刃沖合歲君，其災難免。我們還需要探討一下為什麼會是因肝方面的疾病呢？

筆者在此提出一個看法，妻宮卯木為肝，而運命巳午未會火焚木，故而得肝病。

這種大事我們再以範圍數身命卦來印證丙子乾造是否就應該在壬午年喪妻。以範圍數本命得《澤雷隨》之《水雷屯》。震宮木。

白　妻財未土、、應

田　官鬼酉金、

勾　父母亥水、（午火孫）〇　官鬼申金、、

朱　妻財辰土、、世

青　兄弟寅木、、

玄　父母子水、

二零零二壬午年，命主六十七歲，行庚寅木爻大限，流年小運在世爻庚辰妻財。這難道是偶合？大限走財星的忌神兄弟爻，小運在財星！先是大運之木去剋辰土財，木為肝，應該是是肝

病，流年壬午，本來午火可生辰財，但流年午火先沖動流年飛宮六神的白虎父母子水，父母子水生忌神卯木，木去尅土，直接傷到了流年飛宮六神的青龍妻財辰土，青龍財者，是髮妻也！這就是為什麼不會是辛巳年，不會是癸未年，恰恰要是壬午年的玄機。

看身命卦是活潑的，而且要懂得限運流年的飛宮。

下面是其次子的命造：

男：一九六二年二月廿九子時

傷官	壬寅	大運：癸戊年正月初九交脫			
食神	癸卯		甲辰	1	1963
日元	辛未		乙巳	11	73
正印	戊子		丙午	21	83
			丁未	31	93
			戊申	41	2003

目前丁未運，壬午流年，也是子午沖，而午火是正印星的羊刃，與上造異曲同工。

下面是X君之孫，壬寅乾造之子的命造：

男：一九八五年十二月初八申時

正財	乙丑	大運：庚乙之年二月廿八交脫		
食神	己丑	戊子	4	1990
日元	辛酉	丁亥	14	2000
正官	丙申	丙戌	24	2010

以壬水為傷官的祖母。目下丁亥運，壬午流年，大運與原局亥丑拱子，乃祖母之羊刃，與流年午火暗沖，暗示祖母有一劫。流年天干透出壬水祖母，與運干丁合，又被月干所剋，而大運乃是吊客星，加上年柱乙丑空亡在亥，大運丁亥，空亡在午，這種年柱、大運、流年的互換空亡，可以討論長上的刑喪，而被刑的物件由六神去類化，並配合宮位下結論。

可惜的是沒有亡者的命造。畢竟由近親去影射，雖然有千絲萬縷的線索，但只有再參照本人的八字後才可以下看結論。輕言、妄言都是研習命理者之大忌！

壬午年、丁未月、己亥日，是亡者羽化登仙的吉日，在那一日，眾同好、易友都去送行，X君在那幾天裡蒼老得更加厲害，悲愴的眼神分明還不相信與老伴如今已陰陽相隔。香煙升騰的靈堂，痛哭流涕的親朋，以及誦經的聲音，似乎在提醒我們，生老病死這一規律的不可抗拒！

金字塔、秦皇陵、命理雜感

2002年9月17日，央視十套直播了埃及胡夫金字塔神秘的南通道的現場探測、發掘的全過程。筆者一向早上習慣睡懶覺，但今天也早起守候在電視機前，觀看人類與古文明的一次親密接觸。後來的結果想必大家早已知道，在通道內還有一個有銅把手的石門，而人類，又一次陷入了對未知的暇想之中。當時節目直播之後，又播出了我國秦始皇陵的一些考古資料片。作為中國人，我對秦始皇陵的考古情況更加關心，在看完電視後，又饒有興趣的翻閱了相關的資料，想豐富一下自己的這方面知識。

我翻開了案頭的《史記》，那是一套很不錯的版本。在太史公的鴻著中，忠實的記錄了秦王的豐功偉績，一代帝王令人暇想連篇，而關於秦始皇死後的記載如下：

「九月，葬始皇酈山。始皇初即位，穿治酈山，及並天下，天下徒送詣七十余萬人，穿三泉，下銅而致槨，宮觀、百官奇器珍怪徙臧滿之。令匠作機弩矢，所有穿近者輒射之。以水銀為百川江河大海，機相灌輸，上具天文，下具地理。以人魚膏為燭，度不滅者久之……皆令從死。死者甚眾。葬既已下。或言工匠為機臧皆知之，臧重即洩。大事畢，已臧，閉中羨，下外羨門，盡閉工匠臧者，無復出者。」

這兩位帝王的想法完全一致，希望死後還可以享受到在世時的榮華富貴。而秦始皇卻因為害怕墓室的秘密外洩，讓那些參與設計、施工墓室核心工程的工匠做了陪葬品。在這一點上，四千多年前的埃及胡夫似乎更「人道」一點。不管怎樣，我始終相信秦皇墓室中一定隨葬有富可敵國的珍寶異器，那將又是一筆寶貴的文化史料。不管是胡夫還是秦王嬴政，都同樣怕死，胡夫金字塔中有可以使自己靈魂升天的通道，秦皇陵中也有所謂的「神道」可供靈魂長生，可見人類對生命的渴求是不會因年代、地域、膚色、種族而改變的。

根據《秦皇本記》載：秦王政生於昭王四十八年正月，而昭王元年是乙卯，那麼昭王四十八年就是壬寅年。這些資料有無錯誤，筆者無法確定，也希望易友們提供更詳細的資料。其實仔細想想，去考證秦始皇的四柱並無多大意義，我想，對於命理的研習者來說，我們身邊的芸芸眾生、那些我們曾經討論過的命造，他們的命理軌跡才應該是我們所要集中精力去討論的。因為，或許就在某個不久的幾年、幾個月、或者是幾天後，你會目睹耳聞他們悲喜。

今天我們故事的主角是一位筆者認識已久但未深交的朋友。由於筆者這幾年來與午丁一起養成了定時都會到聖公殿的習慣，在殿裡有一位道長林先生，林先生的身材高大壯實，為人謙和，我們雖無深交卻也較為談得來。那天大約是丁未月初的一個風和日麗的上午，筆者與午丁還有林先生，以及一位殿中的葉師傅，一起品嚐著鄉間的清明茶，在殿內對座閒聊。林先生便把自己的生辰八字拿出來討論：

男命：一九五七年十一月廿一酉時

比肩	丁酉	大運：己甲年六月一日交脫			
七殺	癸丑	壬子	2	1959	
日元	丁亥	辛亥	12	1969	
食神	己酉	庚戌	22	1979	
		己酉	32	1989	
		戊申	42	1999	
		丁未	52	2009	

《滴天髓》云：「丁火柔中，內性昭融。抱乙而孝，合壬而忠。旺而不烈，衰而不窮。如有嫡母，可秋可冬。」這個八字丁火冬生，小寒後四天，正是癸水七殺當權司令，地支亥丑拱殺祿，酉金生水，看是論從，然而時干己土食神制殺，命宮未土，胎元甲辰，都可以助火勢，而林先生的幼年初運壬子、辛亥運也並未發福發富，所以筆者認為這個八字很難以從格來論。

由於都是相熟，筆者也不便對於一些命局中的徵象再加以論斷，只是看到丁火日干太弱，很容易會有血壓、血液方面的疾病；而目前在戊申運，申乃水官殺之長生之地，今年壬午，官得大運之長生，日支之帝旺，更不吉的是，原局月日的亥丑拱子暗沖流年的午，而目前又是在側重日柱的運限中，子午暗沖，丁祿被沖，子午沖擊又可以類化為突發性的血光之災，現在丁未月，火氣猶在，而下月戊申，要注意血光之事。

筆者注到他的神色頗為不安，便接著對他說：「雖然如此，但我看只要小心謹慎，應該可以化險為夷，更何況你多年侍奉神明，應該會有功德的福報。」

一次非正式的論命就此告一段落。而筆者亦想流年午未合火土，應該可以化解、尅制官殺的猖狂。

然而，在2002年8月31日，筆者接到午丁的來電，告知林先生於昨天（壬午年戊申月庚午日辰時）因與人口角跌倒於殿中，造成腦部血塊，入院急救，生命在垂危中。

此刻最懊惱的是筆者自己！為什麼沒有更嚴肅提醒林先生小心？？！！後查小限在壬戌，三會金局，財殺相生攻身，事發於庚午日庚辰時，這一連串五行的作用，豈是巧合與偶然？

在事發後的第四天，事主的妻弟（小舅子）為他搖了一卦測吉凶：

戊申月、甲戌日，男占姐夫（丁酉命）病之吉凶，搖得《巽為風》，巽宮。

兄弟卯木	、	世	玄武
子孫巳火	、		白虎
妻財未土	、、		滕蛇
官鬼酉金	、	應	勾陳
父母亥水	、		朱雀
妻財丑土	、、		青龍

近病逢沖可愈，世爻卯木在第六爻，頭部的問題很明顯，以筆者的經驗，占近病吉凶逢六沖卦，可以不看用神而論可以脫險。

在剛才正好接到回饋：今天（二零零二年九月十九日），事主已出院，雖未痊癒，但已脫險，正在恢復之中。這實在是一件令人欣慰的事。

帝王將相與庶民百姓都希望能夠得到平安與健康。雖然命運並不會因為人的意志所轉移，但是作為一個五術的研習者，若能夠用慈悲、慎重的態度去對待所接觸的福主，我想，除了那些技藝方面可以願諒的失誤與遺漏，應該可以問心無愧了。而更深一層去想，命理又豈只是對命運的窺測？它應該是一種對生命的尊重、關懷，在這個前提下，無論地位的尊卑與人性的善惡。祝福林先生能夠最終戰勝病魔而站起來，而是最令人快慰的莫過於再聽到林先生謙和的談吐，爽朗的笑聲了。（筆者按：此巽卦占病，另有玄機。）

行走邊緣

屈指算來，南平易緣已建站近半年，而這段時間筆者深感慚愧：筆者與午丁生先共同建站，但至今的大部份時間裡卻是疏於站務工作，而繼續沉迷於五術命卜堪相的世界裡，午丁生先不僅要做大量的文字錄入和網頁編輯工作，還要在論壇回帖。而他在聖公殿（本地道協辦公室亦在此廟）亦有一些工作要做，實在很是辛苦。子傑雖然絲毫不敢放鬆對五術的研習，但仍無新的感悟獻給大家，（此期間只有筆十五、十六完稿）倒是午丁先生時常鼓勵筆者不要急燥，時常打來電話要筆者注意勞逸結合，令筆者感動不已。

於閒暇時與午丁探討網路與五術界的問題。筆者認為，利用網路闡揚五術，雖然可以更廣泛地接觸不同的看法，也可以相互揚長補短，但也存在同類網站在理念上的差異，其中的曲折，只有用見仁見智來一筆帶過罷。易緣雖也設有特約論命的專題，但至今對於要求（接受）有償服務的易友，易緣仍覺得易學實在不僅僅是一種單純的服務與回報這樣一種概念，我們都會讓求測者先將疑問放在論壇上，讓大家一起來探討、交流。至於各位版主的工作情況，相信大家有目共睹。其實，以論壇的形式來探討，是一種互動的效應，於交流中相互提高技藝、補足未曾有的見識和經驗，久而久之，就會相互交融觀點和看法，而就在這樣「潤物細無聲」的氛圍中，傳遞著對五術玄學的更理性的認識。

以筆者淺陋之所知，以前命理學的傳授都是以師傳徒、口授為主，一般會要求學徒強記若干篇章的古著，然後帶著學徒行走江湖以增加其閱歷，更高深的會比較系統的傳授星盤的起例與應用，以及附帶學習卜卦、堪輿、擇吉、禳祈。這類體系師承的，一般是歷史淵源較長的門派，相關知識就比較全面。但是以此為生存手段，難免會出現學藝到一半便出去賺錢，以及師父藏私幾種技法等情況。加上「吃飯謀生手段」這種觀念的影響，導致許多由好幾代人積累的寶貴五術經驗的流失，令研易者痛心惋惜。而現在好象比較流行函授五術玄學，不可否認，此舉可以使更多的人認識五術，但是真正又有多少靠函授教材學到真正有用的本領的？筆者雖然生性拙鈍，但以為若要研習五術，天賦雖是與生俱來而無法改變，最為關鍵的還是自己的勤奮與領悟，另外若要想再有進境，拜師是必經的一個環節。

對於筆者而言，選擇五術為人生之目標，就如行走在痛苦與歡樂的邊緣，努力在命理學傳統與現代的矛盾中去尋找相容，同時我深信，不論是子平命理學還是堪輿卜卦，還有很多我們尚未開發的園地，只要鍥而不捨的去探討，便一定會有所發現。筆者就是想以《隨筆》這一形式將自己在五術的學習歷程忠實記錄，在錘煉自己的同時，也在鞭策自己。無論如何，我們目前對命卜堪的研討還是站在先賢的肩膀上，認識這一點，我認為十分重要。

對一個八字的討論角度可以是全面的，方法也多種多樣，筆者至今為止，認為討論八字（子平法）的方法為以下六個字為主體：一、生尅、二、喜忌、三、十神（附：類化）。

任何八字都可以用這六個字去衡量和展開討論。

例：男命一九三六年十一月初六戌時

傷官　丙子

正官　庚子

日元　己亥

傷官　丙戌

大運：壬丁之年八月初六戌時交脫

辛丑	6	1942
壬寅	16	52
癸卯	26	62
甲辰	36	72
己巳	46	82
丙午	56	92
丁未	66	2002

辛巳年十二月初二，晴，夜，寒冷。這個八字是陳燈先生在2001年拿出來叫筆者診斷的一部分記錄。陳燈先生很客氣，在筆者斷完後，認為有80%是對的，但以筆者看，我遠沒有做到。現將當時的筆記整理於下，與同道師友們共研。

乙木元神，生於大寒後十二日，已是癸水偏印當權司令。乙為花草之木，比較喜歡太陽之火（丙）來照暖，更兼生於冬月，丙火也有解凍之功，所以筆者認為，丙火為本造之關鍵。本造雖然干透兩丙，但俱處於胎、墓之地，縱有照暖解凍之意，恐無其力。退而求之，以戊土來修堤防，但本造戌土單支，亦難敵旺水，還會有水旺土崩之憂。從生尅得出喜忌，又從喜忌得出這個八字總體的優劣，就此，筆者以為本造應屬常人。再以喜忌去衡量行運，四十六歲之前，恐逆多順少，滯促異常。在理論上的看法其實可以就此告一段落了。但若這樣來論命，不僅對方不會滿意，亦很難說服得了自己。下面是筆者當時一部份具體論斷：

父娶雙妻，而命主自己為偏生庶出。自己在兄弟中排行較小，兄弟姐妹中曾有人夭折或過繼。命主的生父為一方有名望、威信之人，根據年代來推測應該是鄉紳望族。命主與配偶的年紀相差很大，應該是老妻少夫之配。命主為人正直，個性堅強忍耐。不利子息，恐女多男少。目前的丙午運程，較前運好了很多。命主有坐骨神經、骨骼方面的疾病。

以上的論斷，亦由生尅、喜忌十神（類化）而來。

父娶雙妻的看法可以不經過六字程式，由「地刑所見，次母所生」之訣推演，但筆者以為，這樣的斷語並非時時靈驗，一定要兼顧其他，即如此造，胎元辛卯，卯與亥合，與戌合、與子刑，亥中壬水，子中癸水，刑合都牽涉到印星，其實刑合也是一種生尅的表現方式，如胎元卯與子刑，水旺，實際上是「水」尅（刑）卯木，卯木受到了傷害，只不過換一種表現——水多木漂而已。年月之子水印在伏吟，表示重複及分裂的形態，這種形態歸演到印星上，也可以類化為印星（母親）的重複之分裂。

偏印的氣勢（當令）、數量都強於正印，這種情況多為偏生。（這種看法到目前為止僅是一種概率與經驗的結果，不驗的命例也有之，筆者不敢誤人誤己，特此注明）。

命主的排行問題。可以從兄弟宮位出發來看。兄弟宮也是父母宮。干支庚子，正官偏印，忌神所臨，又加上伏吟——重複分裂，可以反證手足方面的血緣複雜與佐證父母的婚姻狀況。至於為何是男孩中的老四，筆者目前實在是無法突破。亦借本文請教高明。

命主的父親實際上是當地舊時（清末民初極有名望的訟師，也就是現代稱為律師的）。當地至今還流傳其父牙尖嘴利，辯論公堂，鬥智鬥勇的故事，可見其父之威信，在當時非可等閒。這一點的看法，充分應用了十神的類化，乙木的偏財己土為父，八字無己，便可用戊土活看，時支唯一財星戌土，戌中支藏人元戊丁辛，對應十神是正財、食神、七殺，省略戊土正財，剩下丁辛殺食，表示父親的旁邊形成食神制殺，主名氣、威望，為什麼食神制殺主名氣威望？相信讀者不難理解。但要補充一點的是，其父因做訟師結下了仇家，後被人暗殺於道路之上。而其父的悲慘結局，能從命局中尋找出端倪嗎？

老妻少夫的命理跡象可以由妻宮去考慮，妻宮也是妻子——配偶的狀態宮，妻宮亥水，人元藏亥甲，為正印劫財，而正印的氣勢很強，正印表示年紀相差很大，但為何老婆大自己？因為還有一個甲木，甲在乙之前，所以是老妻少夫之配。實際情況是老婆大自己十一歲。如何得出此數，恐怕只有從他們認識那年歲運中去尋找痕跡了。

子息狀況：實際筆者所斷的與實際有較大的出入，實際情況是命主沒有生育能力，後來抱養了一個女嬰，女兒長大後招了一個上門女婿，以期在傳遞香煙上的籍慰。庚官為子息星，庚死於子，衰於戌，財星不得力，官失原神，子息艱難已在數中，但竟會嚴重到沒有生育能力，如何突破這個瓶頸？後來認真再討論的時候，看到戊土正財妻星歸到妻宮亥為絕地。又入墓於時支，古訣有「婦歸絕地不生兒」，但若照這樣演繹，應該生育能力方面有障礙的是妻子更明顯才是？或者兩人兼而有之？若如是，筆者不禁記起宋先生《火》集中許天愚先生一段按語：「……命中有損子之象，必會感召短命之兒，與我們親緣最近的人之徵象很容易在命理中顯現出來。所以『尅』是命理中的垂象，以佛法說是一種定業，定業難移，但『願力』可以轉移『業力』，命中的刑尅並非絕對不可避免」。而返觀本造，子息星的蕭索垂象，與妻星歸絕的現實，又豈是願力可以化解的？筆者相信願力的感應，但對於仍生在五行中，不出三界外的我輩凡人，最有效的化解是否可以用一種平常之心態來詮釋？五行的力量是一種無形的感召，最積極的態度又應該是什麼呢？這些超越命理學範疇的問題答案，其實就在你我的心中。

剩下關於命主的個性、為人及運程的看法，筆者擬另闢專題討論。

一直以來，筆者無論是與同道師友的討論還是與後學易友的交流，都認為學易的態度十分重要，辦南平易緣網站也一樣，與午丁達成共識的態度就是平等、互學、交流。國內命理界的同仁，應該把功利兩字淡忘，以研討交流為主，畢竟，這些年來筆者已耳聞目睹不少易學界內部因與果的現世業報了。

悲愴的父親

筆者為人設硯至今，接觸過不少心態、目的、要求各異的訪客，他們都有自己的一個故事。這些故事的情節與結局也各不相同，但是目的都是希望筆者為他們提供陰陽五行方面的資訊。筆者雖學識淺陋，但都會盡力以己所學去為他們提出合符五術玄學原理的意見與論斷。

從自己的心態上來說，筆者都希望客人都可以得到滿意的解答而歸，然而，筆者亦要提出，來論命者應該對算命有一個客觀的認識，畢竟，陰陽五行不可能解決與解答全部的人生疑問。因為這裡還牽涉到十分複雜的社會環境、個人道德品質（陰德）、祖德、陰陽宅等多方面的問題。從筆者個人的經驗上來看，命理學目前還在學理方面存在某些尚未突破的瓶頸，最簡單的例證就是四同的八字，至今，沒有相關的深入的專論。（注：在一些古籍裡還是有論斷的，但都沒有更詳細的理論上的解析。可參閱袁樹珊先生《新命理探源》①不過，若我們換一種思維去看這個問題，其實也說明命理學還有很廣闊的發展空間。）

但是必須注意，上段的文字絕對不能做為算的不準的托詞。敬業與謙遜謹慎的態度，才會使命理這一行得到社會承認與理解。

①《新命理探源》，【民國】袁樹珊撰。心一堂二〇一四年據虛白盧藏五十年代香港潤德書局再版印本修復清理出版。（心一堂術數古籍珍本叢刊．星命類）

在論命時，我們還是會遇到讓我們無法明言的無奈。下面的記述，就是讓筆者深感為難的論命經歷，筆者也希望同道師友能夠一起討論，是否筆者在學理方面有失誤與疏遺？（由於種種原因，隱略去當事人的真實姓名）

壬午年農曆九月十一日上午。聖公殿。筆者、午丁。多雲。筆者與往常一樣，在道教中心寺廟－－聖公殿作義工。筆者見到一位老者當時正菩薩座下在虔誠的祈禱著，他大約60歲左右，穿一件雖然有些破舊但還算整潔的襯衫，一條灰色褲子，黃色膠底鞋面上滿是塵土，筆者判斷他應該是從郊區來的。

這時解簽的葉與榮道長告訴筆者：老者自述姓吳，是南郊人，這次來專門是問女兒的事，說是女兒已經失蹤多日，已經報警。

葉道長向吳先生推薦了筆者。落座之後筆者才看清他的容貌：頭髮已經灰白了，歲月無情的在他臉面刻上皺紋，雙眼浮腫，看上去明顯的睡眠不足，眼神隱約有一種無奈與絕望。在筆者為他點燃香煙時，他拿煙的右手還微微有些顫抖。

筆者在記錄了他女兒的八字之後，叫吳先生搖一個文王卦。以筆者的習慣，這類求測問事專一，用文王卦的方法可以得到較明確、直接的訊息。

壬午年庚戌月丁巳日，吳先生占問女兒失蹤事，搖得《地風升》之《澤水困》。震宮。子丑空亡。

妻財未土、、青龍	官鬼酉金、、
官鬼酉金、　玄武	父母亥水、、
父母亥水、　白虎	妻財丑土×　世（子孫午火）
子孫午火、、朧蛇	官鬼酉金〇
妻財辰土、　勾陳	父母亥水、（兄弟寅木）
兄弟寅木、、朱雀	妻財丑土、、應

用神子孫午火伏於世爻丑土之下，火墓於九月，旺於日建，而卦中酉丑亥連續相生來尅火，用神臨白虎，自化回頭尅，再加上動爻、日建巳酉丑三合金局助水尅用，從五行的規律來看，此卦已示兇險之兆。

而六爻卦的論斷最好參照神煞的吉凶來輔助（特別是五行呈大凶時）。六爻卦的神煞共有400餘種，但是其中甚多名稱各異卻取法相同，而且很多神煞的作用重複，令人難於取捨。劉伯溫先師曾在易卜圭臬《黃金策》中云：是故吉凶神殺之多端，何如生尅制化之一理。這段話往往會被人誤解，說易卜純以五行生尅制化為憑，實際上，這句話的前面，劉伯溫先師還有更長的一段話，其原文為：

「虎與而遇吉神，不害其為吉；龍動而逢凶曜，難掩其為凶；玄武主盜賊之事，亦必官爻；朱雀本口舌之神，然須兄弟；疾病大宜天喜，若臨兇殺必生悲。出行最怕往亡，如係吉神終獲利，是故吉凶神殺之多端，何如生尅制化之一理。」

可以很清楚的知道，劉伯溫先師的用意，是告訴我們，五行生尅制化與吉凶星殺的應用是分主次的，即，以五行生尅為主，神煞為客。各位同道若再深入研討，會發現一個很有趣的現象，吉凶神煞的最終本質，還是五行生尅、陰陽。莫能出此二者！

筆者在研習中總結了一些較靈驗、實用的神煞應用於六爻卦中，效果頗為不錯。即如此卦，「死神」煞在丑，壓於用神午火之上，而世爻亦持「五墓」煞，此是其一；而卦中鬼化子孫，玄武、白虎、騰蛇凶神發動集結。從這個卦爻之象來看，恐怕吳先生的女兒已遭不測。

彼時，吳先生因女兒失蹤多日已報警。卦中伏爻子孫午火為用，臨日建巳火扶助，惜臨白虎爻又化白虎忌神回剋，丑土飛神空亡，空下伏神易於引拔，則受亥水之剋，亥水日沖，則此亥水不能剋用。

不宜五爻玄武亥水又動來剋，此亥水又不能剋用；最不宜者，唯二爻亥水勾陳忌神也，日沖暗動來剋，此二爻之亥水，一路由玄武、白虎、勾陳併入。此為大凶之主要依據也！

三爻之午火子孫，由鬼爻化出，此鬼，依舊一路由青龍、玄武、騰蛇併入，此鬼又為青龍鬼，青龍鬼，必是其男友也，據本門四訣十八法中第十四法「卦秘」法，忌神輾轉兩次聯合鬼爻來剋，此為真正大凶之兆，亦可推斷，其男友曾經兩次不利於庚申女，幸而未果，此次斷難逃脫，兇手使用了交通工具或擁有交通工具，這個交通工具（車輛）還有故障，兇手眉清目秀，身材瘦高，乃社會不良分子……。

但是，人命關天，而看到吳先生急切的神色，筆者還是叫吳先生提供他女兒的八字，看是否真的走到了歲運的死絕之地？

坤造（吳××）一九八零年九月九日子時

命宮：癸未。胎元：丁丑

正印	庚申	大運：癸戊之年交脫		
正財	丙戌	乙酉	4	1983
日元	癸亥	甲申	14	1993
劫財	壬子	癸未	24	2003

本造癸水元神，正值寒露後辛金正印當權司令，年上正印，時上劫財幫身，急需火土。目前運在申，流年壬午，小限辛酉，劫印忌神倡狂，最為兇險的是子午沖，喜用被沖剋殆盡，以命學原理看確實很難有生存之機。而且命理上的災難之剋應與水的感應最為強烈，正好與六爻卦中用神被水回頭剋遙相呼應。

但是筆者如何對已飽受喪妻失女之痛的吳先生表述命理、卦理的結論？難道還要再在吳先生滿是傷口的心靈上再撒上一把鹽？

筆者在瞬間決定對他隱瞞這些命卜論斷的結果。於是便告訴吳先生道：從命理、卦理來看，你女兒只是「暫時身不由己」而無法「讓你們知道她的現狀」，但是相信她會「脫離一切痛苦」，我看立春前就可以「得到她明確的消息」了。

筆者的態度堅決而肯定，只是不知努力裝出的輕鬆表情是否自然且沒有破綻，至少吳先生聽後神情看上去輕鬆了不少。在吳先生離開的時候，筆者與午丁先生對座半晌無言。

現在想來，筆者仍然認為當時的做法是對的，雖然，違背了一個論命者的原則，雖然，遲早吳先生會聞知噩耗，但是我想儘量的延長一位父親對希望的幻想，哪怕只能是短暫的時間。吳先生女兒是壬午六月十四失蹤的，距來測算已八十六天，可以想像那是怎樣的痛苦而絕望的2064個小時？！五術的研習其實不僅僅只是對一門技藝的學習過程，還是一種自己的修行，對慈悲的理解與身體力行。

我們再回到這次的研討主題，筆者當時還向吳先生要來了他本人及其妻子的命造，現錄於下，供大家研討，是否資訊一致。

吳先生：一九四六年八月六日申時

吳太太：一九五六年三月十日寅時

附注：吳先生透露：在他女兒失蹤的前一天（六月十三日），吳先生妻子也遭人暗害。

又：這個案件距今過去了十五年，筆者後來也多方求證，但至今還是僅僅知道後來此案告破，庚申女被其男友從工作單位叫出去，上了車，後來殺害。十五年前，筆者與午丁先生，常常結伴出入本地道教協會的聖宮殿，當年道協的老會長許道長也還健在。如今，午丁先生與老許會長都已駕鶴西去，筆者亦偶爾會入殿中漫步，望著殿右側的榕樹，莫名惆悵。

流年斷例二則

前文提及，筆者曾經有一段常常在論壇上與易友互動，此摘錄二則八字流年斷。以供同道參考。

網友A：

子傑老師，我的八字是：丁巳年戊申月丁未日己酉時。大運4歲丁未（81年），14歲丙午（91年），24歲乙巳（2001年），……

筆者回覆：

根據您提供的八字及起運，目前行乙巳運，流年壬午，三會巳午未南方火，若問工作變動，則比肩成局，流年的丁火正官——事業星為雙丁所爭合，您會猶豫不決並有大約二三處就職之所。但是乙木運干印星為火所焚，討論到事業上，子傑以為您應當小心謹慎，變動並非佳選。

婚姻。您命局的妻星甚多，妻宮未土又與今年（2002年）的流年午合，巳午未南方火一會局，比劫倡狂矣，恐怕今年您的女友會發生血光之事。

合作。在這個比劫成黨，化喜為忌的歲運，若跟人合作，恐怕是有始無終，還要謹防因錢財之事帶來的麻煩。

網友A次年回覆：

子傑老師，年初你給我算的02年流年算的真的很準，開初還有點懷疑，後來，哎，因和家長的意見不統一，一氣之下。離開單位到外邊打工，這下和父母和單位關係都弄僵了。在外還被朋友害了一回，我這下很苦惱，真是痛苦，思想壓力很大，真的越來越相信命理了！還望子傑老師指點將來之出路，我現在對家鄉沒有抱太大的希望了，也不知道去那裡對自己好點？

網友B：

男命：農曆一九七八年二月初四午時　命宮：庚申　胎元：丙午

正官　戊午　　大運：每逢丙辛年二月四日午時交脫
食神　乙卯　　才　丙辰　8　1986
日元　癸酉　　財　丁巳　18　1996
正官　戊午　　官　戊午　28　2006
　　　　　　　殺　己未　38　2016
　　　　　　　印　庚申　48　2026
　　　　　　　偏印　辛酉　58　2036

貴造癸水日元生於驚蟄後6天，甲木傷官當權司令。書云：二月癸水，不剛不柔，乙木司令，洩弱元神，專用庚金為用，辛金次之……這個八字天干一片洩制，唯一的印星酉金又被提綱卯木所沖，元神癸水的氣息很衰弱，幸好命宮庚申，可以稍有補足，所以，以筆者的看法，本造宜用劫印生扶為用。

您希望討論的主題是事業與愛情。事業在命理學上可以定位在官殺星。本造的正官雙透，爭合癸水，這種形態可以類化為命主在事業上的心態往往比較起點高，而總是拿不定的狀況。事業與人的個性有很大關聯。所以，本造想先討論本造的性格。命主為人較為正派，只是個性較為優柔寡斷，食神臨旺，能飲食，量大，為人比較含蓄，內斂，體態厚實，印堂開闊，毛髮旺盛，身高大約169.5左右，胸腹部很可能會有舊疤痕；目前在第二步丁巳大運，是一步財生官的運程，但是，這個財生官卻並非喜用神，從流年來看，庚辰、辛巳年，會有遷動（或出門、旅遊、變換環境）的跡象，事業上會比較平淡，命主的思想上會比較積極（對事業工作），庚辰年2000，命主23歲，此年最明顯的會發生有關工作、事業上的新開始。今年壬午，恐怕在六月會破耗金錢，2002年腸胃功能亦會常常出些問題，也許所居住的地方的電路還會出一二次故障。2002年的工作事業上壓力會比較大，很難有更好的發展。

愛情。毫無疑問以財星來出發。貴造時上陽刃桃花，特別要注意因女人之事惹來麻煩！為人比較有異性緣，2002年也是桃花的流年，在感情上會比較拿不定主意，而最終會一無所得。明年注意口舌官符之事。

網友B回覆：

首先感謝大師在百忙之中賞臉分析賤命。

大師真是名不虛傳，連我住的地方的電路發生故障都言中了，另外今年破耗金錢和腸胃出現問題也一一言中，在下確實佩服的五體投地。關於愛情也確實如大師所說，再次表達謝意。能否煩請大師再給分析一下，今後是否有官運及事業的發展方向呢？什麼時候才能遇上老婆呢？

第二部份：命卜拾遺

以下之文，為筆者近年來整理筆記、感悟與小記。涉身此道二十餘年，深感應該及時記錄、多做功夫才能日積月累而有新知。另外筆者對於電腦存稿總是覺得不太保險，所以還是習慣把一些重要的東西記錄到紙張上，看的親切，在書寫的同時，也再一次增加了記憶。命卜的傳承，絕不是告訴你所謂「秘訣」，古人說：授人以魚不如授人以漁。正確、實用的方法才是真正的「秘訣」。所以，筆者在命卜拾遺中有意空出一些「留白處」，諸位同道可以自由發揮、自行印證。相信經過自己的的思考，諸君定有所得！如此，則為筆者之榮幸！五術居之幸事！

卜筮篇

由術入道

《楞嚴經》是佛教的一部極為重要的經典，在《法滅盡經》上說：末法時代，《楞嚴經》先滅，其餘的經典跟著就滅了。《楞嚴經》本經的基本結構，從破魔始，至破魔終。也就是說，一開始時，佛以阿難示墮因緣，自說神咒破魔；到末了，佛又自說五十種陰魔，教示首楞嚴行者如何覺知魔事、破魔，作為結束；於其中間，種種破立，皆是以破魔、破邪、破妄為主軸。《楞嚴經》卷六，觀世音菩薩云：「若諸眾生。愛諸數術。攝衛自居。我於彼前現婆羅門身，而為說法，令其成就。」可見，佛菩薩隨眾生根基而為救度。若是遇到喜歡術數的，可以先以術數教授，進而引入佛道。菩薩為度眾生，法門無量誓願學。觀世音在道教為慈航道人，所以，五術者，供奉禮拜觀世音菩薩，亦沒有問題。

也可以這樣說，術數之法，是世間法的一種，也屬於神通中的一種，稱之為「依通」。而我們研究應用陰陽五行術數的人，應該以此生能接觸、學習、應用術數而感到慶幸，但不可執著，執則迷，迷則易入魔道；應該以此作為由術入道的途徑。

福建各處都有各類的五術流傳，其中以上杭命理、閩東鐵板數與閩派易卜最為有名。他們歷代口口相傳，少立文字，心法寥寥數語，作為一種民間的小眾流派，深入人心並且很有實用價值。比如筆者所習之易卜為四訣十八法，先輩有云：此法亦不可能讓你占卜百發百中，但卻絕不會離題太遠而錯的離譜，用來以此為業、吃口飯足夠了，若想要精進，則需要用一輩子去實踐應用。可見本門前輩完全沒有標榜自己的方法有多麼的神奇，而是很樸實的說占卦「不會錯的太多」與用此技「執業吃飯用足夠了」。筆者認為，民間傳承，往往是以「執業」作為目標，而執業又談何容易？尤其是易卜，給你犯錯的機會實在很少很少很少。」

神明這一詞，各人的理解不同。我理解為一種宇宙間的能量，也理解為是一種規律，更以為這就是「道」。清代著名的卜筮先輩王洪緒先生，在他的卜筮啟蒙著作《卜筮正宗》中，有一篇「卜筮格言」，寫的很精闢：

夫卜筮之為道，通於神明，所以斷吉凶、決憂疑。辨陰陽於爻象，察變化之玄機，此其義為至精，而其事為至大。聖經曰：「至誠之道，可以前知」。故問卜者不誠不格，占卦者妄斷不靈。此二語實定論也。……予垂簾街前，遂有若輩來相蠱惑，予誓絕之，一一照卦細斷，無不回應。此非課學之精，實無妄斷之失也。今幸學稍有得，偶輯《卜筮正宗》一書，請教高明。而猶恐問卜者有不誠不格之誤，占驗者有誤斷不靈之害也，故首識之。

這段話近於白話，相信諸君都能看得懂。但筆者希望諸君著重品味這一句「問卜者有不誠不格之誤，占驗者有誤斷不靈之害」。這句話很重要，是王先生一生以卜筮為業的懇切之語，提到了問卜者與斷卦者的關鍵。第一首先是問卜者，問卜者大忌「問卜者有不誠不格之誤」，而卦師「占驗者有誤斷不靈之害」。第一要素首先是問卜者，所謂作戲謔玩笑而占，皆為「不誠」，其實大多數人，只要是確有心念掛懷猶疑之事，只要能誠心占卜，不驗者甚少。

卜卦是五術很重要的一個分支。對於研究者、愛好者，學會卜卦可以自己使用，可從中探討並瞭解世間萬物的「定數」。對於執業者來說，則是必須掌握的一門技術。更重要的是，易卦的基礎，同時也是風水學、命理學、奇門遁甲等其他門類的根基。即便對於研究與執業二者都沒興趣，作為一個中國人，去瞭解一些什麼是先後天八卦、占卜的原理，以及八卦所表達的思想，也是很有必要的事。

很多年輕的朋友希望能學習文王卦占卜，我們這個時代有了發達的互聯網，要學習一門技術，實在比以前方便太多太多，但同時也帶來不少煩惱：到底聽誰的？以文王卦易卜這門來說，基礎知識，看誰的都一樣！再深奧，再絕密的技法，都離不開基礎部分。但筆者在此想說的卻是：文王卦易卜的學習，最重要的不是基礎知識，而是自己的態度。

因為研習卜卦是一件很辛苦的事情，這個辛苦，並不是身體上的，主要是精神上的。

首先必須忍耐。忍耐失敗，忍耐迷茫，忍耐長時間的不能突破瓶頸。

其次是做大量的實踐與筆記。

最後是謙遜敬畏與感恩。

只要您捧起卦書閱讀，只要您把銅錢或龜殼拿在手中，只要您閉目默問，您的磁場就已經開始與天地之間神明、卜筮先師的磁場產生感應，此言絕不虛，望同道善思慮之！！！

天賦好的，往往僅是是能很快的入門，筆者二十餘年來，亦見過有很好卜筮天賦的人，但最後都「泯然眾人矣」，原因就是不能忍耐，不勤勞，不懂得謙遜敬畏與感恩。寫到此處，筆者不由想起十幾年前的一位故人，他是本地的全師傅，筆者當年還比較年輕，經常坐公車十幾公里去西郊向他老人家拜訪、學習。記得有一次無旁人時，全師傅表情很嚴肅的說：我們「做卦」的人，應該要記住處處有「神明」，很多時候，你做的卦靈不靈，不是你技術的問題，而是你與卦神之間感應的原因。一定一定要記住啊！

後來全師傅因身體原因回到其故鄉，不久後便作古而去。

最後如果想進階，就需要有明師的指點。請注意，不是「名師」，而是「明師」。好的老師知道針對你的某個階段的盲點在哪裡，這是最關鍵的。另外還有一個不能避開的話題，就是很多人夢寐以求的所謂「秘訣」。有沒有「秘訣」？有，肯定有，但我更願意用「經驗」這個詞來表述。

習卜次第

以筆者的短短二十幾年的經驗，卜筮的門檻較低，但入門後卻千難萬難。卜卦的基礎部分，無非是《卜筮正宗》《增刪卜易》裡的內容，但很神奇的是，很多剛剛學卜筮入門的人，剛開始試著斷卦會非常準，但繼續一段時間後，會發現自己遵照上面兩本書學習的方法好像不太管用了。這並非是這兩本書有問題，而是當事人的問題。這個階段就是卜筮的第一個大瓶頸。越過這個階段時間大約1-2年，因人而異。在這1-2年間，做大量的習題和實踐，一般都能很快越過這個階段。下一個階段，屬於迷茫階段。即，用同樣的方法，有時很準確，有時一點也不靈。這就是學卦的第二個瓶頸階段。

這個階段要跨越，靠個體恐怕不夠，如果您處於這個階段，筆者建議您這時應該要多結識卦友，多向明師（注意是「明」不是「名」）討教。度過這個階段，時間不一，一般要3-5年甚至更長。

第三個階段屬於回歸階段，要回歸經典。指的是古代卜筮先師的經典，劉伯溫先師、郭璞先師、鬼谷子先師、袁天罡先師，哪怕是先師留下的半句賦文、幾段話，都要仔細研究。另外就是回歸卜案，把自己的舊筆記不論對錯，都拿來重審，仔細思慮，及時寫下感悟。

以上是我們普通人一般而言要經歷的過程，從開始到第三節階段結束，一般資質好的同道沒有十五年下不來。

但還有一種特殊的例外，此處就不提了。免得徒增後學的幻想。

卜筮有沒有最權威的教科書？有。就是劉基的《黃金策》。此書為文王卦卦法的集大成之作，是研究卜筮的經典中的經典。我們先來欣賞開篇的前五句。

動靜陰陽，反復遷變。

雖萬象之紛紜，須一理而融貫。

夫人有賢，不肖之殊；卦有過、不及之異。太過者，損之斯成；不及者，益之則利。

生扶拱合，時雨滋苗；尅害刑沖，秋霜殺草。

長生帝旺，爭如金穀之園；死墓絕空，乃是泥犁之地。

每一句，每一字，都包含易卦的至理，甚至每個字的排列都不可變更。例如，第一句，動靜陰陽反復遷變，為何不能「陰陽動靜，反復變遷」？蓋因易卜之秘，在於動靜二字，有動則有變，靜，為動之機，動，為靜之始；動，則陰陽變，靜，則陰陽恒常。

反復遷變，乃是卦無絕對的靜與絕對的動。動靜互為體用，什麼是體用，以人事喻之，體即事物的本體，常量、常數。比如占婚姻，若占者是男，當事人就是常量；什麼是用，即變數，變數就是這件事的過程，這件事所涉及的人，女方、介紹人、雙方的朋友親戚等等。這個常量與變數，少一個都不行。

遷，指的是動，動才會有變。

遷，移也。這個字透露了一個卜卦的大訣法。開篇八個字，即可作萬言文章！

《黃金策》是對易卦卦理的總結，是具有普遍性的。尤其是開篇這八個字，四訣十八法都包含在其中。

四訣十八法

筆者所習易卜法為四訣十八法，是流傳於閩地民間的小眾流派。具體為，四訣：生尅沖合。又有十八法：心、成、用、空、墓、合、刑、動靜、進退、星、象、六神、四值、卦秘、趨避、擇、破、立。

「四訣」略談

四訣就四個字：生尅沖合。

生：

卦氣生旺，即立春艮旺、震相、巽胎、離沒、坤死、兑囚、乾休、坎廢也。餘仿此。

爻之生，即卦中動爻生他爻，日建生他爻，變爻生本爻，伏爻飛爻之間的互生。此為老生常談，尚有暗生，並生、轉生。

尅：

同生。

尚有：尅合法，尅力三分法，以尅為生法。實際都是五行生尅的迂迴戰術。

沖：

即卦之沖，爻之沖。暗卦爻之沖。沖，不論命卜堪，都是很重要的法訣，可以這樣說，不掌握好沖，無法論命論卦。沖法之要點關節處，在於是被沖，還是去沖。

合：

即爻之三合、六合。尚有卦合。合者，合喜愈喜，合忌愈忌。還有一個要點，合世合用，吉多凶少。

無法再進一步討論了，因為二個原因：

1：關於生剋沖合，隨便哪一本卜書都有介紹。

2：生剋沖合往往是集中糾纏在一起的，需要有實例驗證。

不過筆者願意提供一個卦例供同道一起討論，因為此卦就是生剋沖合糾纏的「集大成」的一卦。

丁酉年戌月甲午日戌時，男辛亥命占明日（乙未日）將與一千人乘車赴某地，行程平安否？得《水地比》之《天水訟》。坤宮。辰巳空亡。筆者暫不做斷解，有興趣的同道或可聯繫筆者一起研究討論。

父母午火、
兄弟辰土、

白　兄弟戌土、
騰　子孫申金、、×　　　父母午火、
勾　官鬼卯木、、世
朱　父母巳火、、×　　　兄弟辰土、
青　兄弟未土、、

提示：此卦需要搞清楚三個問題，即1：官鬼持世，有論不能順利出行成功。2：應爻為目的地，應爻逢沖，有論會無法順利達到目的地。3：間爻化回尅，日尅，間爻為同伴，有論同行者或有不吉、或有臨時不能前來。您的看法呢？

「趨避法」略談

卜筮一法，伏羲八卦與文王八卦互為體用，至漢代京房先師闡發納甲、世應、飛伏，天地人鬼四易，（鬼，不是所謂的鬼神，而是現在說的不同維度空間的物質）易卜更是體系完備。後又經唐宋無數先師先賢之發揚，成為術數領域的重要門類。實際上，命卜堪相醫，都有觸類旁通之處，原因很簡單，離不開一個「卦」字。

易卜占人事，斷吉凶，這是基本功能，不論是職業還是業餘愛好，都能從另一個角度去討論世界上各種事的得失。但易卜的「趨避」卻少為人知。因四訣十八法之秘是後四法，後四法之中，最有濟世價值和使用價值的是「趨避」法。

卜筮先師曾云：從之占脫禍也，惟其有所歉也，是以有所疑。疑者宜示之以信，則必先告以禍之所由起。而後徐諭之。若可脫也，若不可脫也。知其可脫矣，則有示之曰：此地可脫也，彼地不可脫也。或有己身幸免，而遺累親屬者，亦何容隱而不發也。

注意先師的話：可脫不可脫！世界上的事，都是有一個定數的，並非所有事都能趨避，比如，幹傷天害理、殺盜淫之事，不僅不能趨避，而且占卜者還會有業力的反噬，筮者不可不知也！

略舉一例：壬辰年卯月乙丑日，閩南某男（丁巳命）言近月來，家中人口不安，尤其母親與自己怪病連連，問何故？得《山雷頤》之《山火賁》。巽宮。戌亥空亡。

玄　兄弟寅木、

白　父母子水、、

田　妻財戌土、、世

勾　妻財辰土、、（酉官）×　　父母亥水

朱　兄弟寅木、、

青　父母子水、應

余以趨避法觀之，此卦可避。告之三件事：宅是舊宅，不久前重新修葺、裝修過。家有神位，為何不續香火？家中神位不安，宜移位西方。撤掉屋週邊所有盆栽植物。對方言一二所論確實如此。半月後，特意來電致謝，二處改動後，母親怪病竟不藥而愈，自己之病亦症狀漸漸消失穩定云云。

有心同道，可自行印證之。易卜趨避法，確實可造福。

「星」法簡介

「星」即星宿也，即吉神凶煞也。易卜的「星」與命理學的「星」有相似之處，但也有一些不同。劉伯溫先師曾在卜卦圭臬《黃金策》中云：是故吉凶神殺之多端，何如生剋制化之一理。這段話往往會被人誤解，說易卜純以五行生剋制化為憑，實際上，劉伯溫先師的用意，是告訴我們，五行生剋制化與吉凶星殺的應用是分主次的，即，以五行生剋為主，神煞為客。

以大家最為熟悉的馬星為例。大家都知道，寅申巳亥為馬星，但卻不知，寅申屬陽，為雄馬，巳亥屬陰，為雌馬；雄馬力健而疾速，應吉凶更速，雌馬緩慢而難行遠，應吉凶遲緩。為何寅申為陽、巳亥為陰？留給大家思考。

除了寅申巳亥、乾為馬，同時午也為馬，離卦亦為馬，庚、申亦為馬，……，這些都是衍變出的卦、爻、幹、支之象。

還有更加深入的思維，例如寅爻為馬星，動而化卯，論化進神耶？這是肯定的，但除了化進神，這個卯還代表什麼？同道們根據馬星去推演，一定能領略到易卜的奧妙之處。

又比如折煞。正月酉上二臨午，三卯四子其上尋，酉午卯子總相隨，餘月依次逆往推。丁酉年酉月辛丑日戊戌時，甲子男命電話占事得《隨》之《兌》。以折煞斷之必有斷手足之事。果驗。（注：此卦後文有再錄）

可以這樣結論：四訣十八法中，四訣與前九法屬於根基，後九法之中，星、象、六神、四值屬於拓展，卦秘、趨避、擇、破、立屬於造化。四訣十八法，實則為易卜三個體系也。

「擇」法略談

擇日一學，乃是天地間最能體現人與自然和諧統一的術數法門之一，在古代，是宮廷皇家獨享有的秘術。楊公曰：擇日，乃造命也，必選其生旺。目前坊間流傳的擇日術，大約十幾種，其中，約三分之二都是偽術，剩下的三分之一，亦有不少似是而非，令人無所適從之處，但筆者可以告知諸君，《天元烏兔經》，是世間尅擇之正法之一，絕無虛言，但此經不知何因，有較多處沒有說清楚，或者是我輩後學，資質太差，不能領會楊公先師心意吧。不過，烏兔經確實是經天緯地的尅擇學問，不必懷疑也！

本門閩地易卜四訣十八法第十六法即是「擇」法，即卦應擇吉法。

楊公說擇日就是造命，一點不錯，擇日課是很關鍵的一個環節，但目前，除了婚嫁，主要還是風水師應用的較多，至於坊間的「擇日館」大多是一個門面，並不是說此館專營擇日，如果專營，現代社會生活節奏這麼快，出門、辦事、請客都要擇日的人，已經很少了，一定沒有飯吃。現在擇日館，就是命卜堪相館的另一個稱呼而已。

本門「擇」法，專以卦論，第一卦氣衰旺；第二四值（年月日時）刑沖合穿；第三天干地支之納音、生尅沖合、與用神之作用力；第四無中生有、造化福主。大部分屬於命理學、卦理學的基礎知識，一點也不複雜神秘，唯一的秘密若說出來只有五個字而已。

丁酉年戊申月癸巳日壬戌時，某人（乙卯男）占為母（己丑命）辦壽，擇何日可？搖得《火風鼎》之《天風姤》。離宮午未空亡。

兄弟午火

白 兄弟巳火、

騰 子孫未土、、應×

勾 妻財酉金、

朱 妻財酉金、

青 官貴亥水、世

玄 子孫丑土、、（父母卯木）

立秋後《坤》旺《兌》相《離》廢，卦氣暗淡，此一不可取也；丁酉年戊申月癸巳日壬戌時，日建傳符在巳，卦中巳爻臨兄弟白虎，傳符臨凶星，此二不可取也；四值天干壬戊丁癸，往來沖尅，地支申酉戌巳一氣長生於傳符，此吉凶參半，此三待用也；用神卯木玄武，臨歲破、絕於月，此四不可取也……，余對事主曰：此卦可見令堂身體不佳舊疾纏身且有胸悶氣堵，流年不佳，恐不宜大動靜辦壽也。彼曰：所言都是。但我一片孝心，望能成全助我。余曰：雖有卦爻之不利，但卦尚有可利用，卻有一點點冒險……。筆者為其擇：丁酉年己酉月甲子日甲戌時開席大吉。

後回饋，極為順利，至今老幼平安，連身體的老毛病也漸漸好了起來。實際上此課為險中求勝，是以無中生有造化才有此等功效也。後學門人若知此術，望謹慎再謹慎。切切！

第十九法

先天範圍數身命卦，又為太玄數身命卦，近一百年間本門人開始使用並印證，至於其出處源流，已無法考證。但筆者猶記得在十幾年前，一位本門前輩談到過並授以此法。術數其實也沒有大秘，所謂大秘，指的法，說穿了就是歷代人經驗的總結。先後天八卦（河洛二圖）乃是術數之大綱，人一落地便有命，算命並非單單指的算八字，如果以太玄數（範圍數）配合八字，會對算命術是一個補助。筆者這些年一直都在印證這種殘存的方法。先天範圍數身命卦有兩種取大限的方法（大限，類似於命理學的大運），至於小限（類似於命理學的小運），只有一種方法，即「一年一位周流而已」。

筆者覺得，先天範圍數身命卦，完全應該歸納到「四訣十八法」中去，應該是第十九法。此法前文筆者有多次提及。

落地金錢訣

文王易卜的方法，從成熟到現在，至少延續了二千年以上，我們暫不去辯論他是不是迷信與糟粕，只需要換一個角度考慮這樣一個問題：為什麼二千多年來，多少帝王將相、大儒學者、聰明博學之人都相信並在應用？如果是假的，是迷信糟粕，是經不起檢驗的「偽劣產品」，那麼為何能二千多年不被摒棄淘汰？答案自在諸位心中，無需多言矣。

文王卦卜，與其他門類術數稍有不同，他表面上也是遵循陰陽、五行、生尅制化的自然界的道理，但深層中，卻還有很深的精神領域的「超自然」的道理在裡面，這一點是師門秘訣之一，但不宜多講，也不能多講。余姑妄言之，諸君姑妄聽之罷。此處，姑且聊聊「可以講」的東西。

手抄筆記中，有一則「金錢落地訣」，原本中小字記曰：「鬼谷子先師所傳」。年代久遠，無法考證出處了。但根據余之粗淺見聞，應該是卜筮前輩的經驗之談。其訣為：

初爻錢落地，家中不吉利。
二爻錢落地，家先神不庇。
三爻錢落地，眠床有鬼氣。
四爻錢落地，門戶須改計。
五爻錢落地，牝牡小口忌。

六爻錢落地，家堂宜仔細。

多年後，筆者在古籍中找到了原文，基本相同。但手抄本的後一頁，記錄了詳細的斷解，說明本門先輩十分重視落地訣。斷解部分屬於「不能講」的範疇。所謂「不能講」並不是什麼驚天大秘密，諸君可鑒，歷來言「師門秘訣不能輕易洩露，恐遭天譴」云云的，其實看了後會覺得沒那麼嚴重，無非是經驗的記錄。這是五術的弊端之一，無可奈何也。筆者今在此稍作解釋一些，比如「四爻錢落地，門戶須改計」，蓋因四爻為外門、大門也。但具體怎麼用，以後有機會再聊。

全師傅

全師傅是筆者卜筮生涯中極為重要的一位長輩，雖無師徒之份，實有師徒之情。筆者很幸運，在學習卜筮的瓶頸階段，就曾經遇到全師傅這樣很好的明師。他給予筆者在卦理上的幫助很大。指的還不是他卜卦命中的神奇，更令人敬佩的是，他以一個長輩，還能把自己失誤的卦例拿出來與筆者真誠的交換看法，這才是最令人敬佩的地方。

乙亥年，戊寅月，庚午日，某女占其金手鐲丟失了，能否找回？得《水風井》之《地風升》，震宮戊亥空亡。

騰　父母子水、、

勾　妻財戊土、世○　　　　父母亥水、、

朱　官鬼申金、、（午火孫）

青　官鬼酉金、

玄　父母亥水、應（寅木兄）

白　妻財丑土、、

全師傅很誠懇的先說，這個卦他斷錯了，實際上沒有找回。

老一輩的命卜師傅，在於專業上對自己的要求總是精益求精，不斷的嚴格要求自己。我們年輕後輩，自問斷錯的命卜難道還少？但有幾人能這樣開誠佈公的討論得失？人非聖賢孰能無過，每一次的失敗都應該成為一次學習的機會，這樣才能更上一層樓。作為執業者，壓力每天都存在，甚至有些錯誤，一年二年三年後，才能領悟，這些痛苦，又非一般人所能理解和能承受的。

現在回頭重審舊案。戌土財爻為用，空亡動於五爻，應該是在道路上丟失的，庚午日是子孫生之，被小孩拾去了。午火伏藏，如果在午時前去找，應該還是能找到，這個是一個玄機，因為子孫午火午時出現、發現、拾走。世爻是丟東西的婦女，居坎卦化出亥水，可以推論是在外面一段靠近小河邊的路上之轉角處因為抬起手遮擋太陽或者眼睛不舒服揉眼睛時發生的事，這並非癡人說夢，因為用爻在外互卦離卦中，離為日又為目。

再來看全師傅的一例。

庚辰年，寅月，辛酉日，岳母占女婿無故出走，得《風雷益》之《坎為水》，巽宮子丑空亡。

螣	兄弟卯木、應〇	父母子水
勾	子孫巳火、	
朱	妻財未土、、	
青	妻財未土、、世	
玄	兄弟寅木、、×	妻財辰土、
白	父母子水、〇	兄弟寅木、、

同日，這個女婿的堂哥也占堂弟無故出走，得《山雷頤》之《山澤損》，巽宮子丑空亡。

螣	兄弟寅木、		
勾	父母子水、、		
朱	妻財戌土、、世		
青	妻財辰土、、		
玄	兄弟寅木、、×		兄弟卯木、
白	父母子水、應		

所有的卜筮書籍，有一個共同的特點，就是會把需要卜測的事分門別類，分章節來論述。諸君需要瞭解，這只是為了方便讀者研讀而已，實際上我們知道，世界上的事往往都不是簡單的一類，占卜的事情有一個主題，但與這個主題相互牽扯的，又同時牽扯到其他主題。舉個例子，一個本來很純粹，占能否考上大學的卦，往往會牽扯到身體狀況（疾病章），年輕人的感情（婚姻

章），甚至父母的婚姻等等。也就是說，任何一個卦，都有可能是多項事情的合輯。只不過有的牽涉面少，有的多罷了。正因如此，筆者才經常說，文王卦易卜入門易，入門後難。

回到上面的話題。很明顯，這件事也很簡單。一個男的突然無緣無故離家出走，他的岳母與堂哥，在同一天分別來占卦測算。

先看第一個岳母占的卦：以五爻子孫巳火勾陳為用神。臨月建寅月之拱，受日尅，應該可以抵消？卦中兩個木動生火，忌神子水動，元神亦動，這不正是卜書所云：忌元兩動而反生用神？看上去用神是并無損傷的。再看其堂兄占的卦：此卦先以二爻兄弟寅木玄武為用神。亦臨月旺，發動化進神尅世，這不是卜書云：用神尅世人必歸？

於是我對全師傅說：這個出走者是因為錢財的事與人鬧了矛盾，引發口舌爭鬥，目前人在東南方。此二卦俱是大凶之象，癸亥日就會有消息了。全師傅吸了一口煙，淡淡的說：這是老家人打電話報過來的卦，我對老家人說，人已經死了，是上吊自縊。不過，你說的與人因錢財事口舌爭鬥，老家人在電話中曾說過，確實如此。筆者當時問：真的是上吊？全師傅點點頭：他的屍體已經在算卦後第三天，在小樹林裡找到了。你想知道我為何斷上吊和自縊嗎？

我們人在這一生，總是在某個階段，會遇到某些人，一些能讓你銘記一生而無法忘記的人。

卦例數則

甲子男命的卦

我們來看下面這個發生在2017年9月的卜案。（注：即前文「星」法簡介中提到之卦）丁酉年，己酉月，辛丑日，戊戌時，男甲子命，占事業與財運如何？筆者為其卜卦。得《澤雷隨》之《兌為澤》。震宮辰巳空亡。

田 妻財未土、、應

勾 官鬼酉金、

朱 父母亥水、（午火孫）

青 妻財辰土、、世

玄 兄弟寅木、、×　　兄弟卯木、

白 父母子水、

卜筮理法圭臬《黃金策•千金賦》開篇第一句就是：「動靜陰陽，反復遷變」。這是非常非常重要的一句話，點出了卜筮的第一個大理法：動、靜。動，就是卦中動爻，此卦中，二爻寅木動化卯兄，其生（剋）都指向世爻辰土財。更為重要的是，寅木居《震》宮動化進剋世爻財，這個卦十分明顯，所問事業財運，目前是比較糟糕，應爻為工作所在地，應位日沖暗動，這個工作單位前不久還要破一筆財，工作單位也是步履艱難不太景氣；事主自己也要破財。

下以上結論並無難處，但二爻獨發，必有更多原由，為何？因位二爻是宅位，宅臨忌神，這是告訴我們事主家裡的風水很差。除此之外還會有什麼事發生？

有。事主還會傷（斷）手或足。我論出上面的事項，事主表示確實如此。他還斷了手。

這個怎麼看？（注：前文已透露）

微信群的卦

再來看一例，這是群友在微信群裡發出的一個卦例。

戊戌年丙辰月壬申日午時，母占子重病。得《地水師》之《坎為水》。坎宮。

白	父母酉金、、	應	
田	兄弟亥水、、	×	官鬼戌土
勾	官鬼丑土、、		
朱	妻財午火、、	世	
青	官鬼辰土、		
玄	子孫寅木、、		

此卦，筆者當時回覆如下：××群友所供之母占丙寅命子病卦，卦身在忌神，忌神帶天哭，騰蛇入戌，此卦不吉，宜防不測，此病非一般病，乃是因果報應也！後，群友回饋，事主肝癌晚期，當日往生。

解卦的方法有很多種，每一種都有自己的理由。這很正常。關鍵看各人善用哪一種罷了。但是以「四訣十八法」論卦，絕對不能說百發百中，但這個論卦系統符合陰陽五行的規律，並有前輩大量的印證，一般而言，都不會離題太遠。比如此卦，只要應用卦身、年命、神煞、六獸各一個就能做出正確判斷。

陰陽路

世間的五術分項，命卜星堪相，大部分的主角與當事人都是人與有形的物質。但是《易》道，乃是可縱橫天地人三界的學問，不但可卜測人事、物事，還可以卜測在世間的「靈異現象」。世間的靈異現象，大部分是由於「非人」（即俗稱之為「鬼、怪」）所造成，就好比兩個時空維度，在某一個特殊的時間、地點，有時候會發生交互感應，而有種種所謂「靈異事件」。

卜筮學的圭臬巨著《火珠林》，在開篇就有這一段：又問：納音為下，能占九泉、六道、四生、虛無等事？答曰：六十甲子生成，變化而行鬼神，是故天干管天文，地支管人事，納音管地理。

不過諸君亦不要拘泥於「納音占九泉」中的「九泉」二字指的是所謂冥界，九泉，在這裡指的是山川河流。在筆者的五術生涯中，亦有涉及到「靈異事件」的故事。或者，權且把它當成「故事」來讀比較好。

故事發生在一九九七年，當年筆者還住在一棟一九七五年建成的磚縫結構的三層樓老房子裡。這一天，一位長期患有羊癲瘋的女性說，連續幾天晚上，她都在三樓見到有鬼（她自己就住在三樓），她再也不敢獨自在房間裡睡覺了。於是筆者於丁丑年，庚戌月，丁酉日，庚戌時，占三樓有無鬼作祟？得《風澤中孚》之《巽為風》。艮宮辰巳空亡。

青　官鬼卯木、
玄　父母巳火、
白　兄弟未土、、世
騰　兄弟丑土、、×　　子孫酉金、
勾　官鬼卯木、
朱　父母巳火、應○　　兄弟丑土、、

這種卦的解卦的要點，因為是事關房屋的，所以，必須以「陽宅卦」為準則來論，再觀察官鬼爻的位置、狀態以及與所有動爻之間的關聯。二爻臨卯木官鬼，二爻是宅爻，宅爻臨鬼，卦神已經明示「宅中有鬼」。再看另一個官鬼爻，它從第二爻「跑」到第六爻，這座樓總共只有三層，那麼，是從樓的轉彎處而來，再進入第三層的。這個卯為陰，是一個女性「非人」（鬼），卯木在內卦的《兑》卦中，《兑》為少女，又在互卦的《震》卦中，《震》為長，這個女鬼，是家中的第二胎，女孩中的老大，身材很好，高挑，卯木被第四爻騰蛇孫動來沖尅，騰蛇孫又是由兄弟爻化出。諸君，筆者今在此透露本派易卜「四訣十八法」中的一條先輩心得：騰蛇動必主怪異。凡是特異事件的卜卦事項，有騰蛇爻發動要尤其注意！白虎屬金，是被人殺害導致。實際上，筆者在後來私下調查中得知，多年前，三樓某住戶的二女兒曾經發生過被人傷害的凶亡事件……。以陽宅卦的角度看，還可以知道，筆者當年住的這棟樓，乃是陰盛陽衰的風水，鬧鬼也並不奇怪。不過，這個卯木最終她會自己離去，為何？玄機在卯與月建戌合也！

陰陽異路，人鬼殊途，其實所謂「鬼」亦非十分可怕，他（她）們亦曾為人，往生後或因種種因果導致不肯離去，甚至被陽間的我們「觀察到」，也沒什麼奇怪，它在嚇到您的時候，或許您也嚇到它了也未可知呢。諸君，如果某一天碰巧遇到此事，筆者有一法可解決，很簡單有效，您可以立即持誦或默念「南無地藏王菩薩」或「南無觀世音菩薩」聖號！

印證陰宅

陰宅與陽宅，於人之關係密切，有時風水在陰宅應吉凶，有時風水在陽宅應吉凶。陰陽宅風水學源遠流長，自有一套完整、嚴密的體系，若福主能得遇明師，得以造化，自然添福添財，若遇「假師」「庸師」，只能自求多福了。但陰陽宅風水學之門派眾多，各執一見，難免有時爭議不休，幸五術先師亦傳下卦法，卜地卜宅，一卦定論，在人為造福時，若能與正理風水術配合，其催官催財納福之作用巨大，快速見效。

文王卦卜地之法，眾說紛紜，究竟以何為憑？今筆者告之諸君，以《郭璞地理歌》（又稱《孫臏探玄歌》）為憑！此歌又稱《探玄賦》，需要注意的是，此賦有較多不同版本。其總綱為：凡古、祖墳風水之法，但以世爻為主，六合為憑，相生旺相為福，刑沖尅破則凶。

丁酉年戌月戊寅日，某人占中元六運己酉一九六九年所葬之先人墳墓葬後至今未動，問穴內如何？該不該修動？卜得《地水師》之《地天泰》。坎宮申酉空亡。

朱雀	父母癸酉金、應	
青龍	兄弟癸亥水、、	
玄武	官鬼癸丑土、、	
白虎	妻財戊午火、、世×	官鬼甲辰土、
騰蛇	官鬼戊辰土、	
勾陳	子孫戊寅木、、×	兄弟甲子水、

很多同好對於文王卦法占陰宅沒有明確的入手點。筆者已在上文洩露「但以世爻為主」。世爻，陰宅為穴。關於世爻，還有二個真訣，即「鬼谷辨爻法」與「孫臏六世歌」。「三四世上出豪強」，戊午世爻得日之長生，又得初爻勾陳戊寅木來生，「相生旺相為福」，可決斷此穴葬

後，出人才，得財祿功名！會出什麼人才？墳墓所蔭庇者，子孫也，卦中子孫戊寅木臨日建，又化甲子水回生，位置在內卦初爻，寅沐浴於子，人物俊美且主藝術文章，文化界人士也。甲剋戊，逢戊年子孫頗有不順。

事主言此穴為艮山坤向。但今天作為卦師是不可能到現場的，如何論斷這個穴位的其它情況？間爻為明堂，此卦戊辰土臨騰蛇，受戊寅木之剋，可決斷此穴明堂不美也，還可以知道這個明堂前有處落差地。水口如何？當然也可以看。限於篇幅，略之。此穴該不該動？筆者以為太歲在酉，世死於酉，臨卦中朱雀，本運為下元八運，雖有小礙，暫不宜動。

以上僅僅一部分斷解，拋磚引玉也，還有種種故事藏在卦中。余再附一卦，同好可自分析之：下元七運丁丑年子月癸未日，某人經地師確定一穴，葬母，於筆者處問卜：此穴有利子孫否？得《地風升》之《水風井》。注：事主自己是長子、有公職，生有二子已成年。

大陸新娘

大陸與臺灣一衣帶水，閩台兩地更是可隔海相望，兩岸是割不斷的親情、人情。由於眾所周知的上世紀那場「兄弟鬩於牆」之爭，造成後來的局面。歷史的車輪在前進，時代在發展，統一與共同發展是趨勢。而筆者所在福建省，與寶島更是有千絲萬縷的關聯，毫無例外的，也會因五術接觸到這些事。本期記錄一個約二十年前「小三通」之後，關於大陸新娘的命卜故事。

故事的女主角是本地一位G女士，癸卯命，於2002壬午年，戊申月，甲子日，戊辰時，前來卜卦問能否去的成臺灣。卜得《水火既濟》之《水雷屯》。坎宮戊亥空亡。是一個報數卦。

那個年代，大陸新娘有兩重含意，一個是正規的嫁到臺灣去。另一個則是利用「假結婚」到臺灣去取得台眷身份，然後在臺灣打工掙錢。而現在，大陸人去臺灣，卻是去旅遊、消費，世界真是奇妙，這種轉變，也就是發生在近十幾年之間的事。

諸君請細看卦爻之象：

玄　兄弟子水、、應

白　官鬼戌土、

騰　父母申金、、

勾　兄弟亥水、世（午火財）○　官鬼辰土、、

朱　官鬼丑土、、

青　子孫卯木、

當時她一說去臺灣，我就聯想到當年的假結婚風潮，但是不是這樣呢？世爻是她自己，空

亡，發動，而命爻去合五爻之戌官，這個戌官也空亡，這兩點來看，基本明暸了，空合者，必是假結婚也。能不能去的成？要看世應。世爻空化墓庫，伏下的午火財又日破，正好又是應爻來破自己的伏下財，很明顯，價格談不攏，世爻入墓，行動不得，自己也不願意（空亡了）。

告之她以上結果後，她倒是很坦誠，說確實想假結婚去台，但中間人要價也確實太高，比以前的高，她還在考慮。大約三個月後，她來電告之這趟沒去成。應爻代表臺灣，臨玄武兄弟，並且借日建沖財，確實是有點亂叫價。

以這個卦，還可看出事主曾經離婚，曾經墮過胎，並且目前有一個兒子，將來還是會遠嫁。

先說離婚。卦中主卦兩官，變卦一官，如何認定？筆者所習四訣十八法，先看主卦，再看青龍與勾陳。主卦沒有，就看伏神，最後兼看變卦。主卦中醜、戌兩官，哪一個是丈夫？取戌土官。蓋因事主命爻在卯，卯合戌，而戌官在五爻，五爻為大、為長，則此戌土官必是丈夫。這個戌官臨白虎又處空亡，則卯命爻無法合入，既是丈夫，卻又空亡無法合入，不是分居即是離婚也。

再論墮胎，命爻在卯，卯所生為火，火即是卯木之子息也。卦中午火伏於世爻之下，更可知是「自己的孩子」。午火受飛神克，又受日沖克，化為鬼，此即斷為損子也！註意，這個午火，是被世爻所克而化為鬼，就不是意外流產或養不大，因為克的源頭是「自己」，所以斷為流產。

將來還會遠嫁。筆者打算在此處留白讓易蔔同道自由發揮。不過，以筆者本派思維，應該要註意命爻、應爻、官爻之位置與生克沖合。

在此需要插一句，這並非筆者在行文時以果推因，都是當時現場論斷的。而筆者在此公布出論斷的卦理，是希望傳遞本派易藰的一些思維方式。

不過諸君切記，文王卦占卦一卦多斷，是分可斷不可斷的，在此筆者暫時不說，因為一二句話很難說清楚。

「Z小姐懸案」

五個月前，一位年輕的Z姓福建同鄉女子，在美國失蹤，一時間牽動無數國人的心，本來一位積極向上、有著美好前途的學者就這樣無影無蹤，也令人質疑於美國的FBI及警方的辦案能力！事情是6月9號開始的，詳細情況不再贅言。筆者於6月15號憂心忡忡，心中掛念這位素未謀面的同鄉，不動不占，心念動，即卜之。丁酉年午月甲戌日亥時，筆者自占Z小姐（網傳庚午命）目前吉凶如何？得《山水蒙》之《火雷噬嗑》。

筆者當時在微信群及新浪微博（微博發表稍遲2日）中發表了對此卦的看法，複製於下：

於丁酉年午月甲戌日亥時，占在美失蹤的章瑩穎（女庚午年命）吉凶。得《蒙》之《噬嗑》。以卦爻之象來分析，FBI很快就能得到重要的線索，一度十分接近其中一個嫌疑人，但被逃脫。最終能破獲此案。此案相關人員曾經進行過轉移。最後的地點有可能是來水庫或水塘附近。牽涉一名女性。最後祝Z小姐能吉人天相，平安回來！6月17日 10:31

這個階段的實際情況是：6月14日，犯罪嫌疑人曾經被警方叫去問話，但員警接著又把他放走了。後來的事大家都知道了，開庭、拒不承認、更換律師……種種無恥行為！

筆者又在7月7號，在微信群與微博發表了進一步的看法，複製於下：關於Z小姐一案，牽動無數國人關注，作為Z小姐福建南平的同鄉，我也關注事態的進展。嫌疑人已經在調查，希望能儘快讓兇犯認罪伏法！根據我之前發佈的卦象分析，事情發展到目前階段，基本如卦象所顯示。以下還是依據上次那個卦（蒙之噬嗑）的最新預測：

A：還有一個知情人「X」沒有現身，卦中顯示是「財爻」，所以是一個女性。

B：財爻臨「田蛇」，爻位在主卦外互「坤」，化出「離」卦，納甲己酉，納音大驛土，空亡，金空則鳴。

C：則這位「X」女性知情的「卦理側寫」如下：女性，25-26週歲之間，說話聲音尖銳響亮，有孕在身。7月7日 11:38

筆者個人認為，此案美國警方辦案不力，鎖定嫌疑人的第一時間，也沒有（或許有，還在努力，或許因為保密的原因公眾還不知道）擴大嫌疑人範圍。而從筆者專業的角度，比較遺憾的是這個卦是筆者所占，若果是Z小姐近親所占更適合。但筆者深深理解其家人所承受的種種煎熬，能承受與面對，需要相當大的勇氣！再次希望美國警方儘快破案，給Z小姐家人一個交代，還他們一個公道，並嚴懲兇手！！！

打官司

筆者所生活之福建閩北延平府，在漢代已經是福建的重要五縣之一，是一個有著非常厚重歷史文化積澱的古城。古城小，四面環山，中有建溪、富屯溪、沙溪交匯，流往閩江，鳥瞰延平城，真是玉帶纏腰，水口有情，實為風水寶地也。

南平目前所轄十縣市，自古以來，延平文風鼎盛，人才輩出，理學宗師朱夫子就是南平建陽人，而或許有人不知，朱熹還有一位同鄉，在中國的歷史上也留下了重要一筆，此人即是南宋時期的建陽人宋慈，中外法醫界普遍認為是宋慈於西元1235年開創了「法醫鑒定學」，被尊為世界法醫學鼻祖。他的法醫學著作《洗冤錄》中，開篇這樣寫道：獄事莫重於大辟，大辟莫重於初情，初情莫重於檢驗。蓋死生出入之權輿，幽枉屈伸之機括，於是乎決。

可以看出，中國古代歷朝歷代，對於訟事刑獄就十分重視，而只要有人類社會的地方，就少不了刑訟。卜筮學也一樣，先輩也對於訟、獄之事有專門的篇章論述，在此不再贅述。卜筮學萬變不離其宗，都是以用神、世爻、應爻、官爻、父爻的生尅沖合來預判。其中甚至論述到從未成訟到最終審判、量刑等的細微處，真是令人讚歎先輩的大智慧！

甲午年，戊辰月，庚申日，男占女兒丙午命，面臨一場官司，六天後開庭，問吉凶？得《澤山咸》卦。兌宮。子丑空亡。

玄　官鬼午火、、（卯木財）

白　父母辰土、、

青　兄弟申金、世

朱　子孫亥水、

勾　兄弟酉金、

螣　父母未土、、應

據說很多同道在得出卦後，最怕兩種情況，一種是六爻安靜之「靜卦」，一種是六爻亂動之「亂卦」。其實「亂卦」並不是一個卦有多動爻就是「亂卦」，有另一種判斷法，這是後話。不管卦動卦靜，需牢牢抓住原則，比如此卦，第一原則就是用神。

此卦的用神是子孫爻朱雀亥水。這個亥水臨朱雀，朱雀主口舌是非。安靜的卦一定有他的原因，安靜的卦一定有他不安靜的地方。本卦中，應爻為對方，世爻為我方（占卦人的立場方），明明一個打官司，已經起訴，即將開庭的卦，為何搖出一個安靜的卦？不急慢慢看：用神亥水在第四爻，在本宮兑卦與互卦乾中，乾兑金都生水，可以這樣推出結論：原來因為用神並無懼怕，有利於用神的證據在用神（亥水）這邊，而亥水還很明白這一點。再看應爻對手，未土騰蛇，騰蛇屬土，又臨土爻，乃是因為房產之事也（驗）。騰蛇土安靜，既不能尅用神亥水，也不能（不會）去生世爻申金，結論二就是：對方是因為房產之事與您女兒打官司，對方並無把握，不佔優勢。六天後開庭日是丙寅日，寅木合亥水，尅應爻，必然是判決對方敗訴。

果驗。

占來意

世人來問，紛紛萬事，大抵為名、為利、為情，此亦無可厚非者也。但是從執業者的角度看，還是應該如實說明來意比較有利於命卜師進行判斷推演。筆者的命卜生涯中，也還是會遇到那種不說問何事的人。比如本篇的這個故事：

己卯年，庚子月，甲寅日，一位年輕的婦女來問：請問能不能算出我今天想要問什麼事？搖得《山風蠱》之《火風鼎》，巽宮。子丑空亡。

玄　兄弟寅木、應

白　父母子水、、（巳火孫）

螣　妻財戌土、、×　　　　官鬼酉金、

勾　官鬼酉金、世

朱　父母亥水、

青　妻財丑土、、

這種狀況比較不常見，因為很容易讓人聯想到是來砸場子的。但面前這個年輕的女人顯然不是，態度也很誠懇，穿著大方得體，表情冷靜。除了說自己姓李，就不再說話了。

她既不說，筆者就要說：李女士，您應該是來問關於您丈夫的事業財運與工作的事。

啊，是的。

筆者也放下了心。剩下的就比較好辦了。然後她說了自己和丈夫的八字。李女士丁未命，她丈夫丙午命。古代卜書中關於測來意的文章很多，也很長，雖然都很有道理但是卻比較隱晦。筆者今日在此透露本門的簡單訣竅：占來情，但看卦中爻象生剋之主要指向。比如此卦，正好一個動爻妻財戊土發動化作酉金，這個酉金，同時又是世爻勾陳酉金，勾陳主繫拌牽掛，酉金又是本宮官鬼，所以很容易判斷出是為了丈夫的事。那麼，如果多動爻如何判斷？

很明顯，這個酉金碰到歲破，但幸好現在還有一個多月就要過去了，只有一個可能，就是已經「破」過了，酉金絕於寅日，又死於子月，本來是大凶無解之象，幸好卦中得到騰蛇戊土的動來生，為有一線生機，可以判斷她的丈夫今年一年事業不僅停滯不前，而且會大破財，明年是庚辰年，酉金得生合，才能翻身，並且會有較好的發展。

但還有一些事我不會說：她的丈夫背著她在外面還會有女人。因為騰蛇財去生丈夫酉金官，這個女人對她丈夫有金錢上的幫助。陳女士自己世爻臨官鬼酉金說明李女士很在意丈夫，但酉酉是自刑，已經相互頗有齷齪。另一件，這個戊土除了生酉金官，也是在生世爻李女士自己，這說明，陳女士身邊也會出現追求她的其他男人。他們的婚姻，實際上會在明年出大問題。

從事命卜堪相工作，有時候心裡明白就好，不用全部說出來，於人於己都沒有好處。

愛到盡頭

佛學上說，我們人類有八大苦：生、老、病、死、求不得、愛別離、怨嗔會、五蘊熾盛。其實，生老病死是人生的規律，誰也無能為力，後面的求不得、愛別離、怨嗔會、五蘊熾盛這四樣，則完全是我們人類因為自身的執念而自找的。但說起來容易，要解開這個心結卻千難萬難。

五術的主要的服務對象就是人，這世界上只有兩類人（正常情況下）：男人與女人。而男女之間，永恆的話題就是情。尤其是青年男女，愛別離、怨嗔會的故事千百年不斷重演。

同樣，五術的工作日常接觸最多也是這類事情。如果一個年輕的男子或女子前來問命或問卦，不問感情的事，反而會令人覺得有點奇怪。當然，目前的社會，倒是有點改變，青年男女問的最多的，事業財運佔了上風。本期來說一個女子與她男朋友的故事。這個故事發生在一九九九年三月二十六號。

坤造：安命辛巳。　　大運：每逢己甲年三月三日午時交脫

財	乙卯	辛	巳	4	79
比	庚辰	壬	午	14	89
元	庚子	癸	未	24	99
傷	癸未	甲	申	34	2009

一九九九年二十五歲大限在癸未。

她報出八字卻並不急於讓筆者算命，而是說想為男朋友占一卦，占問男朋友的運氣如何。己卯年，癸卯月，丁丑日得《天風姤》之《火山旅》。乾宮。申酉空亡。

青 父母戌土、

玄 兄弟申金、〇　　父母未土

白 官鬼午火、應

騰 兄弟酉金、

勾 子孫亥水、〇（寅木財）　官鬼午火、、

朱 父母丑土、、世

占男朋友，以卦中官鬼爻為用神。應爻午火官鬼倒是安靜，臨一個白虎至多是身體不太好，但卜卦要訣，每一個用神的爻都要看，再看二爻勾陳午火官鬼，這個午火卻從忌神亥水勾陳化出來，去尅三爻與五爻的申酉金兄弟，等於白虎鬼與勾陳鬼一起去尅玄武兄（因為玄武兄是動爻，所以受尅的力量最大），但玄武兄卻化出日沖，跑掉一個，就剩下三爻安靜的酉金螣蛇兄倒楣了，這個螣蛇兄又受月尅，入日墓，這分明是男朋友傷人之象，這個午火卻因為是由勾陳亥水忌神化出來，午火自己也被勾住，午火臨死符，乃是大凶之象。筆者只能對她說：您的男朋友因為傷人，目前已有牢獄之災，恐是大罪，最少有五年的牢災。

這位年輕的小姐面無表情，再問，我男朋友的八字我不知道，您看看能不能從我的八字看出男友如何呢？

其實八字更明顯，目前是一九九九年的農曆二月初九，她要到三月初三才走癸未運，也就是下個月的事，但原則上還是在午運，但大限卻在未，未中丁火官星在命（局）限伏吟，流年逢到己卯，己卯是她自己流星盤的太歲煞，運支是午，午的本氣就是她的男友星丁火，大限未是官符，等於官符合動午火官星，一定是男友的官災。這個官災會持續很久，因為下個月就走癸未運，癸是傷官，癸未伏吟到四柱的癸未。一定要這個癸運五年走完才會有好的姻緣。

聽說完以上的看法，年輕的姑娘才淡淡的說，男朋友在外地因為吸毒、傷人已經被捕。諸君，吸毒如何從命理及卦理中看？

當年筆者亦沒有告訴她，她的男友其實另外有一個關係密切的女友。

這個姑娘現今年也已經四十三歲，已經在2009－2019的甲申運中，甲申運應該是她能賺到錢的運程。但當年她的那一段情緣，恐怕在那時已經愛到盡頭了。

附・手搖銅錢卦與報數起卦的方法

卜筮的歷史，可以追溯到史前，從石占，到龜卜，到骨卜，到蓍（楪）筮，再到金錢占，都是人類對自然、對命運、對這些未知領域的不懈求索。古人占卦，注重儀軌，不僅要有專門的「卜室」，而且還有一套完整的占辭。要擇日，要沐浴，要請祖師，占畢，要敬謝而退。清代卦師王維德（字洪緒）曰：夫卜筮之為道，通於神明，所以斷吉凶、決憂疑。辨陰陽於爻象，察變化之玄機，此其義為至精，而其事為至大。聖經曰：「至誠之道，可以前知」。故問卜者不誠不格，占卦者妄斷不靈。此二語實定論也。

時代在變，但有些東西不能變，我們研討命卜堪的後學晚輩，應該有所選擇的取捨，哪些要捨棄，哪些要保留，哪些要修正微調，這樣才符合《易》的原則。關於銅錢搖卦與報數起卦，筆者整理出一套相對穩妥的程式，見下文。

銅錢搖卦法：搖卦前，最好沐浴或洗手。平靜自己的情緒心態，先將三枚銅錢合扣於掌心，並專注默問、誠心誠意的問所問之事。默問的格式為：問卦人的姓名、性別、生辰（年月日即可，有時間更好）、目前地址＋所問的事情。如果問的是他人的事情，則為：問卦人的姓名、性別、生辰（西曆或農曆的年月日即可，有時間更好）、目前地址＋被問人的姓名、性別、生辰、地址＋所問的事情。

舉例：王英搖卦問丈夫開的酒店生意前景如何?問辭為：

本人王英，女，出生於一九七七年西曆七月七日上午七時十五分，家住福建省福州市台江區某某社區2號樓12XX室。現誠心誠意請問八卦祖師，我的丈夫林明，男，生於一九七六年新曆二月六日下午十五時三十八分，家住福建省福州市台江區某某社區2號樓12XX室，請問我丈夫目前經營的酒店生意前景如何？

以此狀態默問數遍，其關鍵是問者須專注於所問之事，最忌腦中又想著其他事；問數遍後，將銅錢在手中搖晃數次（之前是合扣於掌心，這時將雙手掌的合扣變成攏合出一個空間，以使銅錢可以在期間有空間翻滾）輕拋擲於地，記錄下三枚銅錢的正反面（以漢字面為正面，滿文為反面，如，第一次拋得二枚漢字一枚滿文，即記為：二正一反，若三枚漢字，記為：三正，三枚滿文記為：三反）；拾起銅錢又合扣如初，再擲，如此共六次，詳細記錄其正反情況。記下最後的時間（附注：請儘量不要選擇晚上二十三點至淩晨一點這個時間段）。

注，其餘所占各種事項，以上例類推。例中所舉人名地名事項等俱屬虛構，如有雷同，純屬巧合。

報數起卦法：沐浴之後，↓在安靜的環境中心平氣和的休息一下，↓然後閉目在心中默問八卦祖師您要問的事（不要有雜念，要專心的問您想問的那一件事，不可摻雜其它無關的念頭），↓默問數遍後，立即隨意報出3組阿拉伯數字（如：77、51、60或06、47、01之類），↓記錄下所報出的數，以及當時的時間（附注：請儘量不要選擇晚上23點至淩晨1點這個時間段問卦），以及所問的事。

卜卦的用具一般是銅錢、龜殼或竹筒。在此需要說明的是，銅錢應該選用差不多一樣大小的，而且，要放在敬奉神明的香上熏過，或者至少用金箔紙熏燒過，並供奉在神明前至少四十九天再使用。銅錢平時應存放於龜殼或竹筒中，不使用時置於香案之上。每次使用過後，還應該用金箔紙薰燒過一遍。職業的卜家，應該在家裡或命卜館中安置八卦祖師像，或鬼谷子先師位，職業卜家，每日上香後，還應該用香案上敬奉的香薰手掌心，以增強卜卦的靈驗。（註：香薰手掌心正確的方法是，掌心對香，順時針轉三圈，逆時針轉三圈）

命理篇

命宮的秘密

命理學的集大成之作《三命通會》說：神無廟無所歸，人無室無所棲，命無宮無所主。由此可見，命宮，是八字命理學的一個重要判斷依據。

眾多的研習者，會有這樣的感覺：年、月、日、時八個字，再加上喜忌、生尅、大運、流年這些，已經夠頭疼了，再加上命宮、胎元、甚至大限、小限，算八字豈不是更加令人無所適從？

實際上，大道至簡，上杭論命法就流傳有很多以命宮為主線去討論命理的訣竅與技巧。時過境遷，命理學也在不斷發展，出現了諸多論法、流派，有的還是有章有序，有的完全是胡說八道，故弄玄虛，但換一個角度看，這也是必經的過程，筆者的看法：只有經過幾百年以上考驗的學理而不會被淘汰者，才能算是真正的正本清源！（當然，筆者並不反對創新與拓展）

要論命宮，首先要能懂得正確的命宮查法。師云：太陽立命，太陰立身。這裡面就道出了命宮的真相。什麼是太陽？就是黃道十二宮每月每日太陽的位置。訣竅在在「中氣」。記得師云：命宮若逢空，古寺伴孤燈。這句話是沒錯，但卻保留了一手，筆者今日在此披露：子午卯酉命宮逢空亡，又合到空亡的華蓋星，命主就會有強於常人的宗教信仰傾向與行為。正所謂，江湖一點訣，說破不值錢！

另外，命宮與命局甚至歲運的刑沖合穿等等跡象，都能單獨論出很多命理徵象。言至此，有緣的同道，已經能悟出很多了。附帶多言一句：人相學的命宮與命理學的命宮，很多時候是可以互為印證的。希望吾輩祿命之學的研討者，能挖掘、保護、發揚這種民間的小眾論命流派，正本清源，使後學有志於五術者，不至於誤入魔道！

正確的命宮演算法

命宮，是論八字一個十分重要的參數。但是很多人不明白到底哪裡重要？在此，筆者也不想再次把《三命通會》與《淵海子平》等古先輩論命宮的話搬出來，只想很誠懇的對諸君說：命宮的作用與對命局的影響乃是相當重要！舉一個簡單的例子，比如八字中某種五行是忌神，那麼原局八個字帶一二個忌神問題不大，但是如果這個忌神落在命宮，問題就會相當嚴重。反之，喜用神在命局中出現的作用也不比在命宮中出現作用力大。

筆者的公眾號前幾期有略談討論過如何用命宮論命，但最近筆者在與一些易友同道的交流中發現，很多人命宮的排法的錯誤的，這個當然不能怪他們，因為確實有些「大師」在書上就是那樣教的。如何才是命宮的正確排法呢？

真正的推命宮，是以太陽躔度來推算，什麼是太陽躔度？就是月中氣。什麼是中氣？二十四節氣中，分為節和氣，節，就是立春、驚蟄、清明……，氣，就是春分、穀雨、小滿……。如何推算呢？古人確實有流傳下來一種推算口訣，古訣為：嬰聲落地別娘胎，形體齊全有命排。自是五行為主宰，窮通禍福應星台。太陽宮起生時，順數至卯止，即是命宮。

打個比方，辛亥年七月初三卯時生人，七月的中氣是處暑，查曆書，當年七月初四才處暑，那麼就要找前一個太陽躔度，前一個是大暑，大暑太陽躔午，則從午宮起卯時。正好落在午宮，這個例子有點特殊，正好是卯午碰到一起。假設此例是酉時生人，那麼同樣，酉時起午宮，順數到卯，落在子宮。

還有一種用數字加減的計算方法，也很簡單，以14減去生月與生時數之和，若生日過了中氣，則要多減一天。生月生時之和數若超過14，則以26去減。比如前例，生月與生時和數為9（沒有超過14），由於七月的中氣是處暑，他生在處暑前一天則中氣未到，14-9=5，5就是午，也在午宮。

根據正確的方法排出正確的命宮，這是一個五術執業者與五術愛好者最為基本的入門課程。如果您以前不會，那麼現在會了。這並不是什麼不傳之秘。下一步就是要知道該如何應用。人的命宮非常重要，以筆者的經驗，八字很多的秘密就藏在命宮裡。

似水流年

對於大多數初入門的命理研討者來說，流年出現的一干一支如何具體應用到命局中去，進而論斷休囚吉凶，是一個瓶頸。在下以自己實際臨場論命的經驗，提出兩個方向，希望能對研討者有些許幫助：1：在若能把握命造的喜忌的情況下，看流年的干支對原命局喜忌之影響力，求得一個大構架上的鎖定（即常說的吉或凶或平），在此基礎上，將流年干支帶入命局與大運進行判斷。在這種技法裡，一般能得出一個符合學理的流年吉凶的結論。若能進一步的話，則根據五行六神的喻像鎖定到具體事項上，如六親、事業、財運。2：在較難把握原命局喜忌的情況下，也不應氣餒，因為在命理學研討的範疇裡，我們完全可以暫時拋開喜忌的迷局而根據五行、六神、宮位的刑沖合化穿來論斷。

設舉一個簡單的例子，坤造：甲子　丁卯　己卯　癸酉。設若流年為辛卯，則較為明顯的看到流年卯與原局的月支、日支卯，齊沖時支酉，一般情況下，看宮位，受沖的酉金乃是命主的子息宮，但不能就肯定會發生與子息有關的事項，因為時柱的宮位亦可能代表命主的身體下半部位，如內分泌生殖、腿腳……，而這時我們若能看到流年辛卯的辛，乃是食神，再加以先前的子息宮收到沖擊，則就較可以肯定會發生與子息有關的事項。

需要注意的事，以這個假設的命造與流年來說，還需兼顧到命主當時的年齡，若命主在童年會有怎樣變化？若命主當時已是老年又會發生怎樣變化？這都是我們應該加以注意的。

以上乃是一小部分流年的論斷體會，其實命理學絕對不是簡單的對號入座。流年、命局有時組合在一起所呈現的狀況往往會複雜的多，而在看似複雜的干支符號與干支現象裡去演繹推理出一個最符合學理的論斷，正是命理學能引人入勝的地方。

天羅地網

羅網之說，其義甚明。然何以戌亥為天羅，辰巳為地網，蓋天傾西北，戌亥者，六陰之終也；地陷東南，辰巳者，六陽之終也。陰陽終極，則暗昧不明，如人之在羅網，此其義也。《壺中子》云：「龍蛇混雜，偏不利於辰生；豬犬侵淩，但獨嫌於亥字。」龍為辰，蛇為巳；辰人得巳，巳人得辰，皆曰龍蛇混雜。男命則不妨，惟女命破婚害子，薄命抱疾。辰人得巳，重；巳人得辰，輕。謂龍生蛇穴者，退；蛇生龍穴者，進。豬為亥，犬為戌；戌人得亥，亥人得戌，皆曰豬犬侵淩。女命則不妨，惟男命則滯齟齬齬，妨祖剋妻。

袁天罡先師論天羅地網殺：辰為天羅，戌為地網。書云：辰戌，名為羅網，天乙不臨。如行運到此，主剋陷。又分別傳訣曰：

天羅：

運入天羅不可當，百般所作盡乖張。
男憂枷鎖臨身厄，女怕懷胎產難亡。

地網：

地網相逢事事凶，主人離散走西東。
日時遇此應遲滯，運限逢之不善終。

細心的同道看到這裡，會發現一個問題：到底是「戌亥為天羅，辰巳為地網」？還是「辰為天羅，戌為地網」？筆者以為，應該以袁天罡先師所論為準，即：辰為天羅，戌為地網。此為定例。另外巳亥二字如何論？以上杭命學所印證，辰巽巳，屬於巽卦，戌乾亥，屬於乾卦，乾之老男，對巽之長女，乾巽為對沖也，反吟也，此理一明則了然於胸，當悟辰戌為正，巳亥為偏，辰戌巳亥，乃為一體也！

略舉一例，乾造：丙戌　戊戌　癸亥　丁巳，運至甲辰，流年至壬辰，車禍而亡。各位同道，再回頭看看袁天罡先師的法訣，並細細推演，定能有所收穫。而筆者需要說明的是，本造之歲運命辰巳戌亥全而身亡，並非其他命造遇此也會有生死之事。

論命技巧雜談

古人論命注重格局——即宏觀的命理好與壞，在我保存的傳統命學批文裡，都是一些格式化的論斷，但是那些命書在很多地方隱含了傳統算命術的精華，就是所謂的秘訣，這不是我們要討論的主題。而現代命理學又太過注重細節，批斷含糊，不是注重求新創異，就是邯鄲學步、學古人又學不像。造成很多後學者無所適從。我追求的是一種把古代充滿智慧的命理學典籍與適合現代社會的算命方法相結合的命理學。說到底，我也沒有、也不可能創造出比古人更高明的技巧，我只是力求算命術在現代社會能有更大的發展空間。

命局中的切入點：在原命局裡找切入點最能體現算命的樂趣與成就感。因為原局的命理徵象太多了。即使我們不去考慮這個八字的喜忌，也可以看出很多東西。

例：男命 辛卯 丁酉 己未 壬申。為什麼祖父有雙妻?而我們的思路大概是這樣的：祖父的切入點——偏印，而原命局的偏印是丁火；這個切入點（祖父）所在的宮位（年月日時）——丁火在月柱天干與日柱地支，我們知道，祖父一定是我們的長輩，他的應該在的位置只有年柱或月柱，而這個八字年月卯酉沖，祖父的位置不穩定，就可以考慮祖父的婚姻，有娶雙妻的可能，丁火與時柱壬合，這個狀態就是a:祖父星逢合，b:祖父宮位又逢沖，這種情況就是祖父娶有雙妻的形態之一，當然還有其他的，但是方法就是宮位與星的推理。

同樣是這個八字，在壬辰大運，庚辰（2000）流年妻子因腸炎開刀怎麼看？

食神　辛卯　　大運：壬辰

偏印　丁酉　　流年：庚辰

日元　己未

正財　壬申

如果有人問，這個八字2000年妻子的運氣如何？

找切入點——妻星——壬水，壬辰運是從1994年到2004年，大運壬水透出，很明顯會發生與妻子有關的事項，辰是壬水妻子的墓地，墓，就是關起來、限制，類化為監獄、醫院，壬水妻星遇到歲運兩個墓庫，表示這一年妻子會有劫難。由於沒有其他官殺的加入，可以排除牢獄，但為什麼是腸炎？要利用八卦，壬水的墓庫辰，辰為《巽》卦，在人體的下半部分，數位：五、三、八、我當時以為是在五月開刀的，但是實際卻在八月（乙酉）。上面是原局與歲運的切入點的應用。

男命：庚戌　壬午　庚辰　癸未　這個八字祖父也娶有雙妻，戊土偏印是祖父，辰戌沖，午戌合，沖合都感應到偏印星與相應的宮位，所以祖父娶有雙妻的幾率很大。我之所以講幾率，是因為在實踐中也遇到不應驗的時候，原因很多，畢竟是上輩人的事，命主也不一定很瞭解。

人的相貌可以從八字中看出來嗎？答案是肯定的，古人的書中有這方面的論述，可惜他們只告訴我們結論，沒有告訴我們推論的過程。

女命：庚申　己丑　丙申　己丑。相貌宮：戊辰。命主是四川人，我的一位朋友在外地打來電話告知這個八字。我沒有見過命造的主人，但是，我在記錄裡這樣寫：雙顴骨突出，眼大眉深，鼻子小巧秀氣，頭髮髮質不佳（缺少光澤），身材窈窕，個子不高。一年後的春節期間，我看到了本人，基本上我對她相貌的論斷沒有錯誤。

《淵海子平》裡有一章叫《相心賦》，《三命通會》有一章叫《論性情相貌》，如果你熟讀這兩篇文章，在論斷相貌上就一定會得心應手，當然，要活用。

命稿斷解手記二則

我們討論一個命造的災異以及帶來的後果，其實有其局限性，因為一個人一生中，五行類似的時候很多，為什麼就是那一年會出事？難道，疾病、災禍的發生，是突然的嗎？如果不是，那這些災異的起因契機如何尋找規律？

命運其實分為命與運兩個層面的含義。每件事的發生，都與很多東西關聯，比如，在某處染上疾病或者發生車禍，如果不去那個地方會怎樣呢？而實際上，有太多的原因、理由促使命主會要去到那個地方，這個情況屢見不鮮。這就是災異的起因契機。所以災異不容易躲開，就是因為你很難把握它的契機是在何時。這既是命理學的瓶頸，也是命理學吸引人去探索之處。五術斷解手記，是筆者從事五術生涯至今，或親自斷解，或師長講解複盤斷解，或見聞所得斷解的記錄。下面，分別錄出十四年前的2003年6月21日星期六這天的斷解二則。以供同道研討並請賜教。

男命：傷　丁未　　命主從9歲10月9天開始行大運，於每一交運年的六月十三日交運。

才　戊申　　大運：丙　午　20　1987

元　甲戌　　乙　巳　30　1997

食　丙寅　　甲　辰　40　2007

命主是一位四川人，於二零零三年五月二十七日，晚上七點到八點暴病死亡。時間是癸未年的丁巳月庚子日。命理原因何在?甲木原神，生於七月，天干一片瀉耗，所賴時支寅木也因寅申沖而危機四伏。其實，若不是隔著一個戌字，幾乎可以確定命主在甲木入墓的年柱限運就會有生命之憂。這個八字就是我們俗稱的「短壽」的命造。

甲木絕在申，墓在未，年月兩柱的未申，預示著命主三十四歲之前就有絕與墓的契機。而實際命主37歲（虛）的病亡，看似過了墓絕的限運，其實，我們只是忽略了出事的契機，而更多時候，我們注重的是他出狀況的那個流年。

只要歲運與這個墓絕產生不良反應，這個絕、墓就會兑現，而這個兑現，就是出事的時候。我們要躲避的，不是哪個具體的兑現流年，而應該是契機。我們下面來討論這個絕墓的契機最有可能是在哪一年。

第二步丙午運，食神很旺，三合火局，甲木有被焚燒的危險，這步運程，命主就會易與肝臟與頭部的疾病。特別是丙運五年，流年木火太旺，恐種下病因。這個丙運，就是契機。午運，流年配合有情，故運氣尚可而已。

目前在乙巳運，注重巳字。乙運，天干劫財幫身，更主要流年丁丑、戊寅、己卯、庚辰、辛巳，五個流年生化有情。其中，2000年庚辰，應該說是一個比較兇險的流年，因為庚是七殺，原本就較弱的原神甲木，就怕再給他施加壓力，為什麼會沒事?因為原局丙丁食傷在抑制它。

進入巳字運的2003年癸未，癸水正印喜用，可惜癸為戊合，流年未土，乃是癸水墓庫，也是甲木原神的墓庫，原神與喜用神一起入墓，就可以討論為凶災的兌現期。這個病，我們可以推測是與未土有關的，未是坤卦，主腹肚部位，未上流年干癸水，主腎臟與血液。

建議有心的同道，若從流星盤小限以及大限這二字為綱下手，再配合命宮、沐浴煞與飛廉煞，以及劫殺，傷官陽刃，再看看上面提到的沐浴、命宮、飛廉、劫殺、傷刃如何與大限與小限配合，則更加明瞭。但筆者需要重點說明的是，五行干支的生尅沖合，確確實實是千古不易的術數正理，切莫等閒視之，捨本求末！切切！！

（二）男命：西元一九六九年七月二十八日二時十二分出生(新曆)

一九六九年六月十五日丑時

命主從6歲9月23天開始行大運，於每一交運年的四月八日交運。

男命：財	己酉					
官	辛未	殺	大運：庚	午	7	1976
元	甲辰	才	己	巳	17	1986
劫	乙丑	財	戊	辰	27	1996

命主於二零零一年辛巳年壬辰月發生車禍（摩托車），幸而未死，頭部受傷，腿骨斷裂。而與他一同在車上的另一位男性當場死亡。

對於一個八字，任何命理跡象的分析與論斷，都離不開對命局組合的分析，就是選取喜忌。本造也是甲木原神，生在未月，六月的五行特點就是乾燥，參天的甲木在這樣的環境裡生存的不易。所以我們可以比較肯定，這個八字忌火土，喜的是濕土。因為甲木必須要在濕潤、有營養的土壤裡才會茁壯成長。命理就是物理——世上萬物的道理。

命局月支是未土，是甲木的墓庫，這個墓庫我們最好不要再引動他。但是，很遺憾，在原局就因為時支的丑來沖，而產生了不良的感應。庚午、己巳運，都是敗運，事業財運求學都不如意，甲木死在午，午未合，又感應到墓庫，午運的辛酉、壬戌這兩個流年的13、14歲應該會發生意外的血光。

戊辰運，天透地藏的偏財運，財會生官，戊運流年的配合較好。辰運就不妙了，辰酉合金，流年正好遇上辛巳，巳酉丑三合金局，官多（旺）變殺，殺攻身，最後集中到辰字上，辰為巽卦，巽主車象，而甲見辰，為金輿，也有交通工具的喻像。辰為五的範圍數，時速應該是五十碼，辰辰自刑伏吟，分裂，相遇再分裂，十分形象的車禍命理。再進一步考慮為何同車乘客會死？

這個八字命宮在申，出事那年正好三十三歲，流年行白虎，大限在亥，這裡面的玄機，已經昭然若揭。按照命數這一年兇險萬分，所謂「跛馬過竹橋」。只是重傷，應該與天月二德有莫大關係。

欲識五行生死訣，豈容濫與凡人說。

星宗只以限為憑，子平獨以運為據。

但我認為，每一個人都可以研究並應用命理學，誰也不是生來就是聖人、仙人，都要從凡人開始做起。星宗與子平的運與限，都同樣重要。

什麼是「運」與「氣」

我們搞五術的人，常常接觸到的是「命運」「運氣」這些詞。即時是行外人士，也會有「哎，最近運氣真不好」「運氣不錯，股票中簽了、買彩票中了」等等。但，運氣，從何而來？這個問題很嚴重，搞不懂這個問題，或者說沒有確定這個問題的答案，就不要研究五術了。

須知，運者，轉也，氣者陰陽也。簡單說，轉動的陰陽二氣，就形成了運氣。

我們的祖先，很早就研究並使用術數，西元前179年到西元前104年期間的漢（西漢）代董仲舒，在對漢武帝的對策中就第一次用文字闡明：天道之大著在陰陽。這是見諸官方歷史的記載。京房先師在他的巨著《京氏易傳》中進一步曰：陰陽運行，一寒一暑，五行互用，一吉一凶，以通神明之德，以類萬物之情。

明白了這個道理，對術數學應該就有一個較為明確的概念，不論卜卦、命理學、風水學還是相學，五術研究的就是陰陽的課題。也就是說，符合陰與陽的和諧統一的法則，這個「運」（轉動）就順暢，人與事就吉順。這是術數的本質。但陰陽是一個大學問，陰中有陽，陽中有陰，如何「轉」？這時我們就要借助另一個工具：五行與生剋。五行就是金木水火土。生剋就是金剋木、木剋土……，金生水、水生木……。萬物一理，物有億兆，理無二致。

短短幾百字的文章，如何能道盡「運氣」二字，但卻可以說明他的基本原理。這個基本法則是五術各門類（算命、算卦、看風水、看相、太乙、六壬、奇門等等）的母法。古先師怕後學還是不能明確這個道理，再把「運氣」具體到易經八卦中，這樣好比我們取錢要去銀行，出行要去機場、高鐵站，上學去學校。以八個卦、六十四個卦，使我們有一個更加具體明確的研討場所，而不至於會東奔西走。所有中華傳統術數不論哪種門類，決不能脫離八卦。故京房先師云：且易者包備有無，有吉則有凶，有凶則有吉。生吉凶之義，始於五行，終於八卦。

我們分析八字，卜卦，察風水巒頭理氣。何曾有一處不用陰陽消長，先天後天，卦氣衰旺，五行生尅？

令人疑惑的財旺生官

在命理學的領域，官星，主要代表女性的男友、丈夫，而財星，是官星的元神，財旺生官，夫權必奪，但財旺生官，夫也必崢嶸。八字的學理，各種各樣，有的以命格來論，有的以五行來論，有的以星命來論，不一而足。不過，既然說八字是子平術，還是以子平法來論比較合適。

什麼是「子平法」？子平法就是喜忌、生尅、六神、歲運的統稱。子平法，是論命的大宗之法，經過了至少八百年的考驗，自然有他的道理。不過紙上談兵就比較容易，而命卜堪的技術，往往需要實例的印證，實際印證，就是檢驗的標準，這是常識。但是對於我們在此處研討命理學，卻還需要一個能接受其他意見的態度，世界上的方法，我們每個人，往往只瞭解很少的一部分，所以，我以為不應該排斥其他的論法，比如星宗，他比子平術更古老，是很有價值的學問。

我們來討論下面這個八字。

女命：太陽立命午垣柳宿十度

財　庚　戌　　大運：（略前二步）　每逢壬丁年七月十四日巳時交脫

卩　乙　酉　　官　壬　午　22　1992

元　丁　酉　　才　辛　巳　32　2002

官　壬　寅　　財　庚　辰　42　2012

這個女命丁火生在八月白露後六天，財星當令。財旺會生官星，時干透出的壬水正官雖然局中無根，但有強有力的元神，必然可以得到生助，那麼，這應該是一個旺夫的女命。

實際上真是如此，在他過門後，原本默默無聞的夫君，在單位漸漸得到領導重用提拔，更是於辛巳運之巳運中提拔到總經理。這個巳運，是壬水的絕地，如果不是財旺，如何能有此際遇？

但到了庚辰運的丙申年，她的夫君在事業如日中天又將提拔時，卻出車禍謝世了。

流年申，是壬水的長生，大運庚是財星生官星，運支辰是壬水的墓地，此處插一句，關於大運干支同看還是天干地支各管五年的爭議，上杭論命有規定的用法，此例中的庚辰運，應該是干支同看的，即，辰土也要加入斟酌。

難道夫星逢到墓庫就會死老公嗎？自然沒有這個道理，本造又該如何解釋？

我們同道都知道，命理學有一個極為常見的理論，《三命》名為：論五行旺相休囚死並寄生十二宮。壬水長生於申，沐浴在酉，這個酉乃是一個關鍵，酉是官星的沐浴，沐浴就是洗澡，人洗澡時，光著身子，命理學上是人生的第二個狀態，長生、沐浴、冠帶……，還很脆弱，本造的命中卻有兩個夫星的沐浴星，就不是吉兆。另外有一個觀點說夫星逢沐浴必然這個丈夫會比較風流，但實際上本造的丈夫卻是一個很老實質樸的人。

兩個沐浴也不一定會喪夫，但是她在丙申年四十七歲，大限又在酉，流星盤走吊客酉，訣云：吊客入命凶，內外孝服重，破財有損口，祈保免災難。大限主生死，酉限吊客與夫星的沐浴同宮伏吟，這個才是玄機所在。為何是丙申年?不是丁酉年?這就是流星盤起作用了，因為到了丁酉年不過是病符而已，但丁酉年亦是一個較差的流年，因為命局、限、流年三酉伏吟，流年天干透出元神丁火，是日主自己的桃花星在伏吟。討論到此處即可。

不過筆者想說的是，子平術中，以孤辰寡宿來看婚姻是很準確的，但對於本造，似乎用不上了。

八字有魁罡該如何論

什麼是魁罡？魁罡指的是庚辰、壬辰、戊戌、庚戌這四天出生的人。大家注意到沒有，地支就是辰與戌，為何？因為辰為天罡，戌為河魁，乃是陰陽絕滅之地也。古人有兩首很有價值的詩訣論魁罡，現錄於後，供參考：

其一：壬辰庚戌與庚辰，戊戌魁罡四座神。不見財官刑殺並，身行旺地貴無倫。

其二：魁罡四日最為先，疊疊相逢掌大權。庚戌庚辰怕官顯，戊戌壬辰畏財運。

魁罡有兩個特點，一個是要多，一個是不怕旺。論命絕不是簡單的公式化的過程，但卻有例外，比如這個魁罡，八字裡魁罡多的人，大部分都是比較能幹的，而且容易在某一領域掌握權柄，做老大。

女命同樣也會碰到魁罡，女命的魁罡在古代或許不是好事，但現代社會，魁罡多（至少兩個）的女命，往往是女強人，婚姻上就會比較不美滿，但試問，這個世界上，事業成功又婚姻美滿的有多少？

有人說魁罡越旺越好，筆者比較持謹慎態度，因為筆者一直覺得，論八字，需要看整體，而魁罡多的八字，只能論到命主的事業心、功利心比一般人要強烈一些罷了，至於具體的大運、流年的吉凶得失，還應該看具體的歲運命星盤的組合。

討論八字，一定要有具體的實例來印證，請看這個八字，男命：

庚戌
壬午
元 庚辰
癸未

3歲運。戊癸年三月初六日亥時交脫。

他在第三步乙酉運的丙子、丁丑、己卯、庚辰這四年運氣如何？

乙酉運，乙庚合金，辰酉合金，按照魁罡不怕旺的說法，似乎很好，而且他本命又有兩個魁罡。他是一個事業心很強的人，一直想做大事，非常符合魁罡人的心性，所以不安分於在農村，而離開家鄉到外地四處謀生。96年丙子，丙火是七殺，子午相沖，流星盤喪門主事，災殺、天解、福星照臨，大運的子去沖月支的午，傷官星帶著喪門星去沖天乙貴人星，這種屬於口舌官非，但星盤有解，實際上是與人打架，被派出所拘留了一星期。

第二年丁丑一九九七年，二十八歲，丁火是正官，與命局會形成一個傷官見官，丑未戌三刑也全，按普通的看法這一年不是進醫院也要進法院，但是，太陰值守，流年自己不會有災事。不過三刑確實有力量，一定會有點不同尋常的事發生，這種迷茫時，應該牢牢抓住流年，因為流年是這一年最大的直接領導，說了算。流年丁丑，丁火是正官，與壬剋合，被癸剋，這一年如果有職業的話一定會下崗、離職，如果自由業，會有六親的孝服，實際上這年叔父被火車碰死。

己卯年是一九九九年，三十歲，卯木是財，己土是印星，但卯被大運酉沖剋，大運的酉是聯合日柱的辰一起去沖卯的，這叫運局無情沖流年，會因為女人事破財，婚姻也會出問題。實際上，他只承認破財和被人砍了一刀，刀傷在背部。

庚辰年二零零零年，三十一歲，是歲破，並且伏吟日柱，等於年柱、日柱都跟歲破有關係，這一年也是不佳的流年，注意長輩，妻子（或女友）的身體健康。實際上這一年母親生病住院，老婆流產。

這是二零零零年筆者在另一位同道處，為他的朋友簡單論的八字。如果加入大限、命宮，還能論的更多。諸君，這個兩個魁罡的八字，與越旺越好更有關係還是與歲運命的變化有關係？

論命的方法很多，每一種方法都有他的一定道理，格局論法、五行生剋制化論法、神煞論法、星命論法甚至納音論法，都是祖先總結的經驗，我們後輩，只是站在巨人的肩膀上。

八字「桃花」的論法

只要有五行基礎的人都知道，子午卯酉稱為桃花。不僅命理學這樣看，風水學、卦理學也是這樣看。桃花星必在子午卯酉這四個字，這四個字，又必定是甲丙庚壬戊的陽刃之地，沐浴之所，所以，我們分析桃花星，也要多留一個心眼，有時是桃花，有時是桃花煞。現代社會，桃花就是男女的感情星，不論未婚還是已婚，都有可能會發生感情上的事。

諸君看這個女命：戊午 甲寅 戊午 乙卯。這個八字年月日時都沾染到桃花的氣息。寅木雖然不是桃花，但寅木生午火，寅木的本氣是甲木七殺異性星。本造結婚很早，在第二步壬子運（17至26歲）就結婚了。這個是有徵兆的，因為她的桃花星在壬子運中就動了，這種女命的結構無法逃脫早婚但遇人不淑的命運。

再來看一個女命：乙巳 戊寅 丁酉 辛丑。本命走到第四步壬午運的壬午、癸未兩年，都發生了婚外的桃花事件。我們就事論事，會發現，這個壬午運是桃花運，而壬水又是正官星，丁壬合，午酉破，又引動了桃花。

桃花的歲運，有時卻不會發生任何桃花的事情，並不是桃花不靈，而是其他的因素造成的。一般而言，桃花如果逢到空亡，或者這個桃花星被合成印星，這個桃花就會變質，變成其它的東西，男命如果合成官星，如果這個男命是娛樂圈人士的話，就就有很大的概率會紅；如果是政府官員，那麼就有很大的概率會有升遷、重用之喜。

因為桃花，還是藝術星、人際關係星。

官殺混雜的男女

今天有一位同道問一個問題：官殺混雜的男人會怎樣？因此機緣，便想聊一聊官殺混雜的八字有什麼奧妙。官殺混雜，是一種較為常見的八字六神結構。一般而言，指的是一個命局裡，同時透出正官與七殺。「還有一種，指的是天干透出正官或七殺，但在地支裡卻隱藏有正官與七殺。」

關於正官的特點、七殺的特點，諸君一定看過很多命理學書籍的介紹與論述了，筆者也就不再贅言。此處，筆者只想借助一些活生生的實例，來與諸君分享一些看法。是真是假，各位在實踐中去求證吧。

世界上除了人妖，就是兩種人：男人與女人。因此，官殺混雜在男命女命的構造中都能見到。先來看女命，如果官殺混雜會如何？

女命：

官　丁未
殺　丙午
元　庚午
比　庚辰

官殺混雜的女命，首先會有很大的概率在生產時要剖腹產，在古代，屬於難產。這個是有原因的，因為官殺星的第一個功能，就是「尅日主」的，而孩子，是「日主生」的，也就是說，食傷星尅官殺星，但官殺混雜，最低程度會形成官殺、食傷混戰，其結果，往往會比較不利於順利生產。

其二，官殺混雜的女命在婚姻上大部分比較蹉跎。這一點似乎不必多解釋，但我想換一種角度解釋，從心理的角度。官殺星會壓迫命主，處處給命主造成壓力與困難，諸君須知，八字是打娘胎裡帶來的，即，這個女命，在還沒有男朋友、還沒有結婚時，就受這個「官殺」壓迫，長久之後，這個構造的女命就會顯得謹慎的過頭，會疑神疑鬼比較沒有安全感，在婚姻生活中帶入這種個性，可想而知，其結果，往往會把丈夫「推到別的女人的懷裡去」。

其三，官殺混雜的女命，不太適合管理錢財，很簡單的邏輯，財生官，官殺會「耗費」錢財，所以，官殺混雜的女命理財能力不佳。

男命：

官　癸未

殺　壬戌

元　丙寅

殺　壬辰

男命官殺混雜，比較麻煩，因為男命是需要官的，官星、殺星都代表一種社會地位。但官殺同見就不妙了，尤其是對於日元不旺的日主，官殺混雜就會有諸多不利。最常見的是小時候生活環境不佳，不是家道中落就是小時體質很差、多病、容易出意外（這種情況看官殺的位置而定時間長短，如本造，七殺在時柱還有一個「徵象」，會延續到老年）。一般容易在頭面上留下明顯的疤痕。

其次這種男命，有一個優勢，一個劣勢。「優勢」是，命主比較能幹，一般都能有好幾種專長在手，比如既會做木匠，也會修理自行車，還會種菜，屬於比較能幹的類型，古書中有「官殺混雜，技藝之流」。對了，我們五術同道中人，亦不乏此種結構的人。劣勢的是，官殺混雜的男命主，在家裡比較大男子主義，在外亦與同事、朋友不太好相處，因為官殺一混，形態上會比較好辯，愛出風頭。其三，這種男命主，尤其是「火水官殺」的，會有不良嗜好，較常見的是酗酒與賭博。

命理學有廣闊的天地可以去馳騁，有心的同道，如能把官殺星引入星盤中，會有更多收穫。

命卜隨筆　終

福建三易堂林子傑於戊戌年三月

心一堂術數古籍珍本叢刊 第一輯書目

占筮類			
1	擲地金聲搜精秘訣	心一堂編	沈氏研易樓藏稀見易占秘鈔本
2	卜易拆字秘傳百日通	心一堂編	
3	易占陽宅六十四卦秘斷	心一堂編	火珠林占陽宅風水秘鈔本
星命類			
4	斗數宣微	【民國】王裁珊	民初最重要斗數著述之一；未刪改本
5	斗數觀測錄	【民國】王裁珊	失傳民初斗數重要著作
6	《地星會源》《斗數綱要》合刊	心一堂編	失傳的第三種飛星斗數
7	《斗數秘鈔》《紫微斗數之捷徑》合刊	心一堂編	珍稀「紫微斗數」舊鈔秘本
8	斗數演例	心一堂編	
9	紫微斗數全書（清初刻原本）	題【宋】陳希夷	斗數全書本來面目；有別於錯誤極多的坊本
10-12	鐵板神數（清刻足本）——附秘鈔密碼表	題【宋】邵雍	無錯漏原版秘鈔密碼表 首次公開！
13-15	蠢子數纏度	題【宋】邵雍	蠢子數連密碼表 打破數百年秘傳 首次公開！
16-19	皇極數	題【宋】邵雍	清鈔孤本附起例及完整密碼表 研究神數必讀！
20-21	邵夫子先天神數	題【宋】邵雍	附手鈔密碼表 研究神數必讀！
22	八刻分經定數（密碼表）	題【宋】邵雍	皇極數另一版本；附手鈔密碼表
23	新命理探原	【民國】袁樹珊	子平命理必讀教科書！
24-25	袁氏命譜	【民國】袁樹珊	民初二大命理家南袁北韋
26	韋氏命學講義	【民國】韋千里	
27	千里命稿	【民國】韋千里	
28	精選命理約言	【民國】韋千里	北韋之命理經典
29	滴天髓闡微——附李雨田命理初學捷徑	【民國】袁樹珊、李雨田	命理經典未刪改足本
30	段氏白話命學綱要	【民國】段方	民初命理經典最淺白易懂
31	命理用神精華	【民國】王心田	學命理者之寶鏡

32	命學探驪集	【民國】張巢雲	發前人所未發 稀見民初子平命理著作
33	澹園命談	【民國】高澹園	
34	算命一讀通——鴻福齊天	【民國】不空居士、覺先居士合纂	
35	子平玄理	【民國】施惕君	
36	星命風水秘傳百日通	心一堂編	
37	命理大四字金前定	題【晉】鬼谷子王詡	源自元代算命術
38	命理斷語義理源深	心一堂編	稀見清代批命斷語及活套
39－40	文武星案	【明】陸位	失傳四百年《張果星宗》姊妹篇 千多星盤命例 研究命學必備
相術類			
41	新相人學講義	【民國】楊叔和	失傳民初白話文相術書
42	手相學淺說	【民國】黃龍	民初中西結合手相學經典
43	大清相法	心一堂編	重現失傳經典相書
44	相法易知	心一堂編	
45	相法秘傳百日通	心一堂編	
堪輿類			
46	靈城精義箋	【清】沈竹礽	沈氏玄空遺珍 玄空風水必讀
47	地理辨正抉要	【清】沈竹礽	
48	《玄空古義四種通釋》《地理疑義答問》合刊	沈瓞民	
49	《沈氏玄空吹虀室雜存》《玄空捷訣》合刊	【民國】申聽禪	
50	漢鏡齋堪輿小識	【民國】查國珍、沈瓞民	
51	堪輿一覽	【清】孫竹田	失傳已久的無常派玄空經典
52	章仲山挨星秘訣（修定版）	【清】章仲山	章仲山無常派玄空珍秘 門內秘本首次公開
53	臨穴指南	【清】章仲山	
54	章仲山宅案附無常派玄空秘要	心一堂編	沈竹礽等大師尋覓一生末得之珍本！
55	地理辨正補	【清】朱小鶴	玄空六派蘇州派代表作
56	陽宅覺元氏新書	【清】元祝垚	簡易・有效・神驗之玄空陽宅法
57	地學鐵骨秘 附 吳師青藏命理大易數	【民國】吳師青	釋玄空廣東派地學之秘
58－61	四秘全書十二種（清刻原本）	【清】尹一勺	玄空湘楚派經典本來面目 有別於錯誤極多的坊本

62	地理辨正補註 附 元空秘旨 天元五歌 玄空精髓 心法秘訣等數種合刊	【民國】胡仲言	貫通易理、巒頭、三元、三合、天星、中醫
63	地理辨正自解	【清】李思白	公開玄空家「分率尺、工部尺、量天尺」之秘
64	許氏地理辨正釋義	【民國】許錦灝	民國易學名家黃元炳力薦
65	地理辨正天玉經內傳要訣圖解	【清】程懷榮	秘訣一語道破，圖文并茂
66	謝氏地理書	【民國】謝復	玄空體用兼備、深入淺出
67	論山水元運易理斷驗、三元氣運說附紫白訣等五種合刊	【宋】吳景鸞等	失傳古本《玄空秘旨》《紫白訣》
68	星卦奧義圖訣	【清】施安仁	三元玄空門內秘笈 清鈔孤本 過去均為必須守秘不能公開秘密 與今天流行飛星法不同
69	三元地學秘傳	【清】何文源	
70	三元玄空挨星四十八局圖說	心一堂編	
71	三元挨星秘訣仙傳	心一堂編	
72	三元地理正傳	心一堂編	
73	三元天心正運	心一堂編	
74	元空紫白陽宅秘旨	心一堂編	
75	玄空挨星秘圖 附 堪輿指迷	心一堂編	
76	姚氏地理辨正圖說 附 地理九星并挨星真訣全圖 秘傳河圖精義等數種合刊	【清】姚文田等	
77	元空法鑑批點本——附 法鑑口授訣要、秘傳玄空三鑑奧義匯鈔 合刊	【清】曾懷玉等	蓮池心法 玄空六法 門內秘鈔本首次公開
78	元空法鑑心法	【清】曾懷玉等	
79	蔣徒傳天玉經補註	【清】項木林、曾懷玉	
80	地理學新義	【民國】俞仁宇撰	
81	地理辨正揭隱（足本） 附連城派秘鈔口訣	【民國】王邈達	揭開連城派風水之秘
82	趙連城傳地理秘訣附雪庵和尚字字金	【明】趙連城	
83	趙連城秘傳楊公地理真訣	【明】趙連城	
84	地理法門全書	仗溪子、芝罘子	巒頭風水，內容簡核、深入淺出
85	地理方外別傳	【清】熙齋上人	巒頭形勢、「望氣」「鑑神」
86	地理輯要	【清】余鵬	集地理經典之精要
87	地理秘珍	【清】錫九氏	巒頭、三合天星，圖文並茂
88	《羅經舉要》附《附三合天機秘訣》	【清】賈長吉	清鈔孤本羅經、三合訣法圖解
89-90	嚴陵張九儀增釋地理琢玉斧巒	【清】張九儀	清初三合風水名家張九儀經典清刻原本！

91	地學形勢摘要	心一堂編	形家秘鈔珍本
92	《平洋地理入門》《巒頭圖解》合刊	【清】盧崇台	平洋水法、形家秘本
93	《鑒水極玄經》《秘授水法》合刊	【唐】司馬頭陀、【清】鮑湘襟	千古之秘，不可妄傳匪人
94	平洋地理闡秘	心一堂編	雲間三元平洋形法秘鈔珍本
95	地經圖說	【清】余九皋	形勢理氣、精繪圖文
96	司馬頭陀地鉗	【唐】司馬頭陀	流傳極稀《地鉗》
97	欽天監地理醒世切要辨論	【清】欽天監	公開清代皇室御用風水真本
三式類			
98-99	大六壬尋源二種	【清】張純照	六壬入門、占課指南
100	六壬教科六壬鑰	【民國】蔣問天	由淺入深，首尾悉備
101	壬課總訣	心一堂編	過去術家不外傳的珍稀六壬術秘鈔本
102	六壬秘斷	心一堂編	
103	大六壬類闡	心一堂編	
104	六壬秘笈——韋千里占卜講義	【民國】韋千里	六壬入門必備
105	壬學述古	【民國】曹仁麟	依法占之，「無不神驗」
106	奇門揭要	心一堂編	集「法奇門」、「術奇門」精要
107	奇門行軍要略	【清】劉文瀾	條理清晰、簡明易用
108	奇門大宗直旨	劉毗	天下孤本 首次公開
109	奇門三奇干支神應	馮繼明	虛白廬藏本《秘藏遁甲天機》
110	奇門仙機	題【漢】張子房	奇門不傳之秘 應驗如神
111	奇門心法秘纂	題【漢】韓信（淮陰侯）	
112	奇門廬中闡秘	題【三國】諸葛武侯註	
選擇類			
113-114	儀度六壬選日要訣	【清】張九儀	清初三合風水名家張九儀擇日秘傳
115	天元選擇辨正	【清】一園主人	釋蔣大鴻天元選擇法
其他類			
116	述卜筮星相學	【民國】袁樹珊	民初二大命理家南袁北韋
117-120	中國歷代卜人傳	【民國】袁樹珊	南袁之術數經典

心一堂術數古籍整理叢刊

全本校註增刪卜易	【清】野鶴老人	李凡丁（鼎升）校註
紫微斗數捷覽（明刊孤本）附點校本	傳【宋】陳希夷	馮一、心一堂術數古籍整理小組點校
紫微斗數全書古訣辨正	傳【宋】陳希夷	潘國森辨正
應天歌（修訂版）附格物至言	【宋】郭程撰　傳	莊圓整理
壬竅	【清】無無野人小蘇郎逸	劉浩君校訂
奇門祕覈（臺藏本）	【元】佚名	李鏘濤、鄭同校訂
臨穴指南選註	【清】章仲山　原著	梁國誠選註
皇極經世真詮——國運與世運	【宋】邵雍　原著	李光浦

心一堂當代術數文庫

增刪卜易之六爻古今分析	愚人
命理學教材（第一級）	段子昱
命理學教材 之 五行論命口訣	段子昱
斗數詳批蔣介石	潘國森
潘國森斗數教程（一）：入門篇	潘國森
紫微斗數登堂心得：三星秘訣篇——潘國森斗數教程（二）	潘國森
紫微斗數不再玄	犂民
玄空風水心得（增訂版）（附流年催旺化煞秘訣）	李泗達
玄空風水心得（二）——沈氏玄空學研究心得（修訂版）附流年飛星佈局	李泗達
廖氏家傳玄命風水學（一）——基礎篇及玄關地命篇	廖民生
廖氏家傳玄命風水學（二）——玄空斗秘篇	廖民生
廖氏家傳玄命風水學（三）——楊公鎮山訣篇 附 斷驗及調風水	廖民生
廖氏家傳玄命風水學（四）——秘訣篇：些子訣、兩元挨星、擇吉等	廖民生
《象數易——六爻透視：入門及推斷》修訂版	愚人
《象數易——六爻透視：財股兩望》	愚人
《象數易——六爻透視：病在何方》	愚人
命卜隨筆	林子傑